Essen, schlafen, überleben – lustige Lifehacks für Männer

Das geniale Handbuch mit 40 amüsanten Geschichten,

Tipps und Tricks

für das tägliche Chaos | perfektes Geschenk

Das Handbuch für Männer – ein ultimativer Überlebensratgeber

für die Herren der Schöpfung

Inhalt

Einleitung

Werter Leser, lieber Leidensgenosse und wissbegieriger Herr der Schöpfung, ich heiße dich herzlich willkommen zu einem Ratgeber der ganz besonderen Art – gespickt mit den Tiefen männlicher Weisheiten, anekdotischer Erfahrungen, unbezahlbarer Fehltritte und wie es diese gekonnt zu überspielen oder zu vertuschen gilt.

Tauche ein in das „heilige Buch der Männlichkeit“. Denk aber ja nicht, dass es sich um Themen wie: „Meine Frau ist verreist, wie bügle ich mein Hemd selbst?“ oder „Welche Gabel gehört zu welcher Speise?“ dreht.

Hier geht es um die wahren und wichtigen Dinge im Leben eines Mannes. Du findest hier Antworten auf Fragen wie „Welches ist die richtige Grilltemperatur für einen perfekten Bürger?“, „Meine Frau hat mir einen Beauty-Tag geschenkt. Muss ich mir vorher die Beine rasieren?“ oder aber auch „Was tun, wenn auf dem Kopf die Haare schwinden und auf dem Rücken wieder auftauchen?“

Du siehst schon: Es geht um essenzielle Dinge in unserem männlichen Leben. Doch sei gewarnt: Wenn wir uns auf den Pfad unserer Selbstfindung begeben, dann ist dieser mit einer gehörigen Portion Humor versehen. Normal kann jeder, erst ein bisschen Chaos und Selbstironie bringt Prickeln ins Leben, oder?

Du bist also neugierig geworden und willst wissen, wie du bei jeder Unterhaltung über Fußball als potenzieller neuer Nationaltrainer brillieren kannst oder wie einfach es sein kann, eine gute Figur zu machen, wenn man den Bierkasten in die vierte Etage schleppen muss?

Dann mal los! Navigieren wir gemeinsam durch den Sturm des Lebens, umschiffen so manche Klippe und schlagen den Missgeschicken des Alltags ein Schnippchen. Hier geht es nicht nur ums Überleben, hier geht es ums Triumphieren. Und das mit Stil, Lachen und unserer unverkennbaren männlichen Grazie.

Schnapp dir ein kühles Bier und dann kann es auch schon losgehen.

1 Unverhofft, kommt oft – wenn ein Radwechsel nicht auf dem Programm stand

Die Sonne scheint, du cruist im Cabrio über die Landstraße, im Player laufen deine Lieblingssongs. Geschmeidig nimmst du die nächste Kurve und dann traust du deinen Augen nicht. Am Straßenrand steht eine wunderschöne Frau, hilflos, den Tränen nah. Der Gentleman in dir zögert keine Sekunde. Rauf auf die Bremse und rechts ran.

Schwungvoll und lächelnd steigst du aus und fragst, wie du helfen kannst. Noch bevor die Hilfe suchende Dame sich erklären kann, siehst du schon das Malheur. Ein Platten!

Ach, solch ein Radwechsel ist doch kein Problem. Auch wenn du es seit Jahren nicht mehr selbst gemacht hast und deinen Wagen immer der Werkstatt deines Vertrauens vorstellst, bist du frohen Mutes. Und was für ein Glück: Sie hat einen Notreifen und auch Werkzeug dabei. Du krempelst die Ärmel hoch, lächelst und setzt den Kreuzschlüssel an.

Langsam, aber sicher verzerrt sich dein Lächeln, denn die Radmuttern bewegen sich keinen Millimeter. Schweiß tritt dir auf die Stirn. Und das nicht nur aufgrund der Anstrengung. Deine Selbstsicherheit weicht der aufkeimenden Peinlichkeit, der Angst, sich lächerlich zu machen.

Das Klingeln des Weckers rettet dich aus diesem Albtraum. Schweißgebadet wankst du ins Bad.

Ja, auch wenn es dieses Mal nur ein Traum war, so ganz auszuschließen ist eine solche Situation eigentlich nicht, oder?

Und damit du gewappnet bist und dein Traum nicht zum Albtraum avanciert, kommt hier jetzt mein ganz spezieller Tipp, nur für dich!

LIFEHACK

Kriechfett, Eisspray und die Hebelwirkung

Diese drei Utensilien solltest du zukünftig immer mitführen. Sie gehören zwar nicht unbedingt zur Standardausrüstung eines Kofferraums, allerdings nehmen sie auch nicht wirklich viel Platz weg und sollten zukünftig einen festen Platz neben Warndreieck und Verbandkasten haben. Denn: Sie könnten zum Gamechanger deines Lebens werden.

Schon beim ersten Anzeichen, dass die Radmutter nicht ganz so will, wie du dir das vorgestellt hast, verpasse ihr eine ordentliche Portion Kriechfett. Im Volksmund auch gerne „Caramba“ genannt. Probiere es nach kurzer Einwirkzeit jetzt noch einmal. Nichts rührt sich?

Okay, gehen wir zum zweiten Schritt über. Eisspray! Ja, du hast richtig gelesen. Eisspray, das gerne zur akuten Behandlung bei Sportverletzungen eingesetzt wird. Die Kälte des Sprays bewirkt, dass die Schrauben sich ein wenig zusammenziehen und nicht mehr so im Gewinde klemmen. Immer noch nichts?

Dann führt kein Weg an Schritt drei vorbei. Verlängere den Kreuzschlüssel mithilfe eines Rohres und vertraue auf das Gesetz der Hebelwirkung. Denn je länger der Hebel, desto weniger Kraftaufwand wird benötigt. Und du kannst nun dein ganzes Körpergewicht nutzen, wenn du dich auf den Hebel stellst und vielleicht ein wenig beginnst zu wippen.

Eigentlich müsste die Radmutter nach deinen ganzen Bemühungen jetzt „klein beigeben“. Sollte sie es entgegen allen Maßnahmen dennoch nicht tun, hast du jetzt noch eine allerletzte Möglichkeit.

Zücke dein Smartphone, rufe einen Automobilservice und lade die Dame deines Herzens während der Wartezeit auf einen Kaffee ein.

2 Vom Umgang mit Quasselstrippen am Telefon

Chips? Bier? Fernbedienung? Check! Alles auf dem Tisch! Ein schneller Blick auf die Uhr. In 5 Minuten ist Anpfiff. Gerade noch genügend Zeit, um schnell Platz für die nächste Hopfenkaltschale zu schaffen. Auf dem Weg ins Bad schrillt das Telefon! Du hast jetzt zwei Alternativen. Klingeln lassen oder rangehen!

Dein erster Impuls: klingeln lassen! Der Weg ins Bad hat aktuell Priorität! Aber was, wenn es was Wichtiges ist? Du bist hin- und hergerissen. Dein Blick schweift wieder zur Uhr! 4 Minuten! Komm, was soll's? Gehst du halt schnell ran!

Eigentlich freust du dich immer über einen Anruf von Erbtante Magda, aber muss das gerade jetzt sein? Erstens drückt die Blase und zweitens bleiben dir ganze 3 Minuten, bis das Championship-Finale startet.

Tante Magda, die Quasselstrippe der Familie. Ohne Punkt und Komma erfährst du den neuesten Familientratsch, ihre aktuellen politischen Ansichten und auch, dass der Hund ihres Nachbarn verstorben ist. Noch 2 Minuten! Langsam wirst du unruhig!

Wenn du jetzt noch auf die Toilette willst und den Anstoß nicht verpassen möchtest, muss dir nun zügig was einfallen.

LIFEHACK

Wirkungsvolle Telefonatverkürzer

Interessiert an meinen Ausreden für solche Gelegenheiten? Na, dann such dir etwas Passendes raus!

1. „Entschuldigung, **aber mein Akku ist gleich leer!**“: Geht aber nur, wenn Tante Magda nicht auf dem Festnetz angerufen hat. Das solltest du auf dem Schirm haben, wenn du nicht unbedingt ins Fettnäpfchen treten möchtest. Tante Magda ist schließlich nicht auf den Kopf gefallen.
2. **„Ich habe gleich ein Video-Meeting, sei nicht böse!“**: In der heutigen Zeit immer gerne genommen. Und die abendliche Uhrzeit kann gerne mit „globalen Teilnehmern aus anderen Zeitzonen“ begründet werden. Voraussetzung ist allerdings, dass du in einer Branche tätig bist, bei der Video-Meetings auf der Tagesordnung stehen. Als Schichtarbeiter oder Handwerker könnten bei Tante Magda Zweifel aufkommen.
3. **„Du, mein Taxi fährt gerade vor!“**: Geht eigentlich immer! Du musst aber mit der Frage rechnen, wo du hin möchtest, und solltest hier eine passende Antwort parat haben wie „Paul hat Geburtstag. Da wollte ich das Auto lieber direkt stehen lassen.“ oder „Ich habe Kinokarten und du kennst doch die Parkplatzverhältnisse in der City. Taxi ist günstiger als ein Knöllchen.“ Hier sollte auch eine Tante Magda mit zufriedenzustellen sein, ohne dass sie böse wird.

Wie du siehst, mit ein bisschen Phantasie kannst du auch Quasselstrippen vom Dienst in ihre Schranken weisen, ohne dabei dein Erbe aufs Spiel zu setzen. Vermeide jedoch Ausreden, die Sorge oder Angst am anderen Ende der Leitung hervorrufen könnten. Das könnte verdammt nach hinten losgehen. Meine Tante Magda würde nämlich umgehend auf der Matte stehen.

Noch eine Minute bis zum Anpfiff!

3 Mit dem Sixpack zum Bierbauch – auf einmal ist er da

Es gibt Getränke und es gibt Bier. Kein anderes Getränk ist mit uns Männern so tief verwurzelt wie dieses goldene Gebräu. Bier ist nicht einfach nur Bier. Bier ist unser treuer Begleiter, geht mit uns durch gute und durch schlechte Zeiten. Ein Fußballabend oder eine Grillparty ohne Bier ist doch gar nicht vorstellbar.

Unser Gersten-Cocktail vereint uns Männer am Stammtisch, lässt uns Stress und Anspannung vergessen und ist nicht selten ein Friedensgetränk, wenn es mal Unstimmigkeiten unter Kumpeln gibt.

Kurz gesagt: Bier geht mit uns durch dick und dünn. Und damit wären wir dann auch schon beim Thema!

Spätestens wenn auf deinem T-Shirt der coole Spruch „Bier formte diesen wunderschönen Körper“ prangt, nach oben rutscht und das pralle Ergebnis der Öffentlichkeit preisgibt, solltest du darüber nachdenken, die Reißleine zu ziehen.

Da hilft auch die Ausrede „Wer braucht schon ein Sixpack, wenn er einen ganzen Kasten haben kann?“ nichts mehr. Es wird Zeit, was zu tun.

LIFEHACK

Du bist nicht allein – gemeinsame Challenges mit Betroffenen

Du bist sicher nicht allein! Schau mal auf die Errungenschaften deiner Kumpel. Mit viel Spaß könnt ihr gemeinsam den Weg bestreiten und den angesiedelten Bierchen den Kampf ansagen. Rottet euch zusammen, motiviert euch gegenseitig und wenn ihr die Sache nicht zu bierernst angeht, dann bleibt der Spaß auch nicht auf der Strecke.

- **Ausdauersport:** Um überschüssiges Fett abzubauen, und dazu zählt auch der Bierbauch, eignet sich Ausdauersport hervorragend. Radfahren, Schwimmen oder auch schnelles Spazieren kann man wunderbar in der Gruppe machen.
- **Intervalltraining:** Die Abwechslung zwischen kurzen, knackigen Übungseinheiten und einer entsprechenden Erholungsphase sind besonders effektiv, weil sie den Stoffwechsel und die Fettverbrennung ankurbeln.
- **Krafttraining:** Sportliche Betätigung mit Gewichten, und nein, ich meine nicht das Schleppen von Bierkästen, kurbelt den Stoffwechsel an und kann den Muskelaufbau fördern.
- **Gezieltes Bauchmuskeltraining:** Der Bauch ist schon da, jetzt fehlen nur noch die Muskeln. Übungen wie Crunches oder Sit-ups sind einfache, aber wirkungsvolle Einstiegsmaßnahmen.
- **Aktive Lebensweise:** Ergänzend zum gemeinsamen Sport mit deinen Freunden, kannst du hier noch einen drauflegen. Überlasse den Aufzug oder die Rolltreppe ruhig den anderen. Nimm die Treppe und wer weiß, wen du dort

alles so für ein nettes Pläuschchen triffst. Und der nächste Briefkasten ist sicherlich auch zu Fuß zu erreichen.

Mit diesen Vorschlägen haben wir dann jetzt schon mal die sportliche Seite im Kampf gegen den Bierbauch abgedeckt. Und jetzt kommt etwas, was dir wahrscheinlich nicht so ganz schmecken wird: Reduziere deinen Bierkonsum. Ja, daran führt kein Weg vorbei, wenn du erfolgreich sein möchtest. Du musst ja nicht komplett darauf verzichten, aber ein wenig herunterschrauben ist angesagt.

Du schaffst das! Da bin ich mir ganz sicher.

4 Premiere im Spa – du begibst dich auf dünnes Eis

Da hältst du ihn nun in den Händen. Deinen Gutschein für einen Beautytag im Spa! Herzlichen Glückwunsch! Jetzt bloß darauf achten, dass dir die Gesichtszüge nicht entgleisen! Ein kostenloser Ölwechsel wäre dir lieber gewesen, oder? Nützt aber nichts, da musst du jetzt durch. Hey, und warum nicht einmal was Neues ausprobieren? Doch eines solltest du im Hinterkopf behalten: Wo Frauen sich auf sicherem Terrain bewegen, kann es für uns schnell zu sehr dünnem Eis werden.

Und damit deine Premiere hoffentlich geschmeidiger abläuft als meine, hier ein paar mögliche Peinlichkeiten, die dir garantiert eine gesunde, rote Farbe ins Gesicht zaubern, die nicht auf eine entspannende Spa-Behandlung zurückzuführen ist.

Verwechslung der Umkleidekabine: Deine letzte Hülle ist gefallen und gerade als du nach dem hauseigenen Bademantel greifen möchtest, öffnet sich die Tür zur Umkleide und eine fröhlich schnatternde Damenriege kommt herein! Tja, da hast du wohl eine falsche Abbiegung genommen. Die Herrenumkleide befindet sich nämlich auf der anderen Seite vom Gang.

Das falsche Behandlungszimmer: Schwungvoll öffnest du die Tür und bist gespannt, wie es sein wird, das erste Mal so richtig durchgeknetet zu werden. Empörte Gesichter schauen dich an. Die Meditationsgruppe ist not amused!

Schwimmen unten ohne: Schwimmen kannst du. Endlich eine Sache in dieser fremden Umgebung, die dir vertraut ist. Du schälst dich aus dem Bademantel, um augenblicklich festzustellen, dass du die Badehose im Eifer des Gefechts vergessen hast anzuziehen.

Das soll jetzt nicht heißen, dass du genauso verpeilt sein musst wie ich, aber ich wollte es einfach kurz erwähnt haben, welche Tücken in einem Spa an jeder Ecke lauern können.

LIFEHACK

Die Kunst, Peinlichkeiten im Spa zu minimieren

1. Stelle sicher, dass du alles, was du benötigst, nicht nur dabei, sondern auch „an“ hast! Ich sage nur Badehose, denn „Freistil“ ist etwas anderes als „frei Stiel“.
2. Mach dich im Vorfeld mit den Gegebenheiten und Verhaltensregeln vertraut. Am besten schaust du vor deinem Termin kurz im Spa vorbei. Sicherlich liegen Flyer zur Information bereit. Oder: Fragen kostet nichts und blöde Fragen gibt es nicht. Du kannst sicher sein, dass du nicht der Erste bist, der sich in „Feindesland“ begibt.
3. Schau genau auf die Beschilderungen der Anwendungsbereiche, denn nur wo Massage dran steht, ist auch Massage drin.
4. Lach über dich selbst! Es ist noch kein Spa-Meister vom Himmel gefallen.
5. Versuch einfach zu genießen und zu entspannen. Du wirst sehen, wie gut es dir tut. Ich sehe dich schon nach einem Mitgliedsantrag fragen.
6. Und nein, du brauchst dir nicht die Beine zu rasieren!

5 Die Pubertät des alternden Mannes – Midlife-Crisis

„Schatz, hast du gehört? Jochen hat sich von Jutta getrennt!“

„Ja, er hatte letztens so was angedeutet.“

„Hat er ’ne neue Flamme, oder was?“

„Nee, nicht dass ich wüsste!“

„Ja, warum dann? Es läuft doch alles super. Die Kinder sind aus dem Gröbsten raus, er wurde befördert und das Häuschen ist doch praktisch abbezahlt. Ich verstehe ihn nicht! Oder meinst du, der kommt gerade in die Midlife-Crisis?“

„Ja, davon können wir ausgehen!“

„Ach, wie gut, dass wir das schon hinter uns haben, was?“

Ja, glücklich kann sich derjenige schätzen, der diese besondere Lebensphase ohne größere Auswirkungen auf sich und seine Umwelt hinter sich gebracht. Ich bin da durch und kann nur sagen: Gott sei Dank!

Geplauder aus dem Nähkästchen

Himmel, was hatte ich für Ideen. Ich war kurz davor, alles hinzuschmeißen. Nein, ich wollte jetzt nicht unbedingt Muscheltaucher auf den Seychellen werden oder mir eine junge Geliebte anlachen, um es noch mal allen zu beweisen, was für ein toller Hecht ich bin. Aber ich müsste lügen, wenn ich sagen würde, dass mir nicht allerhand absurde Ideen in den Kopf gekommen sind.

Lass mich nur kurz von meinem geplanten Fallschirmsprung erzählen. Und die Betonung liegt hierbei auf geplant! Kaum ging die Luke auf, stellte ich fest, dass ich die Hosen voll hatte. Und das im wahrsten Sinne des Wortes! Gesprungen bin ich nicht und das anschließende Theater meiner Frau werde ich mein Lebtag nicht vergessen.

Aber genug von mir. Hier geht es um dich. Also, gehst du auch gerade so auf die 40 zu oder bist sogar schon etwas darüber hinaus? Du bemerkst Veränderungen an dir, die nicht rein körperlicher Natur sind und die du nicht so ganz einordnen kannst? Du bist mit der Gesamtsituation unzufrieden und stellst alles, was du bisher erreicht hast, infrage?

Wenn du denkst, deine Pubertät war heftig, dann sage ich jetzt: Herzlich willkommen in der Midlife-Crisis!

Elliott Jaques hat es auf den Punkt gebracht

Geprägt wurde der Begriff der Midlife-Crisis von Elliott Jaques, einem aus Kanada stammenden Psychoanalytiker. Mit dem Eintritt in das Alter von 40 bis 50 Jahren ist in der Regel die Hälfte der Lebenszeit vorüber und eine Vielzahl der Männer wird sich genau dann ihrer eigenen Sterblichkeit bewusst.

Aufkeimende Fragen wie „War das schon alles?“, „Was habe ich eigentlich in meinem Leben erreicht?“ oder „Soll ich noch einmal von vorn anfangen?“, schleichen sich in die Gedankengänge.

Die Ängste vor der schwindenden Vitalität und Jugend oder auch geplatzte Träume aus vergangenen Tagen setzen sich im Kopf fest, lassen verzweifeln und, wie schon erwähnt, stellen alles bisher Erreichte oftmals auf den Prüfstand.

LIFEHACK

Tipps und Tricks, um der Verwirrtheitauf die Spur zu kommen

Zeit, einen Blick auf ein paar Tipps und Tricks für den Umgang mit der Midlife-Crisis zu werfen:

1. **Nimm dir Zeit für dich:** Eine kleine Auszeit, in der du dir über deine Gefühle und Wünsche klar werden kannst. Ein Wochenende allein oder mit dem besten Freund kann da schon wahre Wunder bewirken.
2. **„Nur sprechenden Menschen kann geholfen werden!“:** Sprich mit Freunden und deiner Familie. Neben wertvollen Ratschlägen findest du hier auch Verständnis für deine Situation und kannst vielen möglichen Streitereien schon im Vorfeld den Wind aus den Segeln nehmen. Das entspannt die Situation gewaltig.
3. **Neue Hobbys:** Warum nicht jetzt mit dem Angeln anfangen oder den langersehnten Motorradführerschein machen? Probiere dich aus, versuche Neues, ohne gleich dein gesamtes Leben über Bord zu werfen.
4. **„In einem gesunden Körper wohnt ein gesunder Geist.“:** Diese Binsenweisheit hat was für sich. Geh spazieren, schlafe ausreichend und versuche es mal mit einer gesünderen Ernährung. Ausprobieren kostet nichts. Du hast doch nichts dabei zu verlieren.

Dies sind nur ein paar Beispiele, wie du die Midlife-Crisis meistern kannst und sollen auch nicht in „Stein gemeißelt“ sein. Sie sollen dich lediglich inspirieren.

Und solltest du schließlich doch zu dem Schluss kommen, dass nur ein Neuanfang für dich infrage kommt, dann tu dir und deinen Lieben einen Gefallen: Hinterlasse keine verbrannte Erde.

6 Der Streuselkuchen im Gesicht und wie er vermieden werden kann

Du kennst das! Eigentlich bist du ja eher so der lässige 3-Tage-Bart-Typ. Ein bisschen verwegen, ein bisschen rebellisch. Aber, und so ist das nun mal im Leben eines Mannes, gibt es Momente, da ist ein gepflegtes, glattes und bartloses Gesicht einfach Pflicht. Ob es ein Date ist, ein Vorstellungsgespräch oder Antrittsbesuch bei den Eltern deiner neuen Freundin. Es hilft nichts, der Gesichtsteppich muss weichen.

Doch wo Licht ist, ist auch Schatten. Und der zeigt sich nicht selten in Form von den gemeinen und fiesen Rasierpickeln. Und die kannst du jetzt sicherlich auch nicht gebrauchen.

Rasierpickel und ihr Ursprung

Bevor wir zu den ultimativen Tipps gegen Rasierpickel kommen, sollten wir ihrem Ursprung mal auf die Schliche kommen.

Durch die Rasur werden die obere Hautschicht und auch die Haarfollikel gereizt, teilweise sogar beschädigt. Das ist ein wunderbarer Nährboden für Bakterien, die sich in diesen kleinen Verletzungen ansiedeln und Entzündungen hervorrufen können. Es gilt also, die

Schädigung der empfindlichen Gesichtspartien zu reduzieren, besser noch komplett zu vermeiden.

LIFEHACK

Der Pustelbildung effektiv entgegenwirken

- **„Einweichen“:** Lass deine Gesichtsbehaarung ein wenig weich werden. Duschen und der heiße Wasserdampf lassen den Bart ein wenig fluffiger werden. Weicherer „Flaum“ ist besser zu bearbeiten als harte Borsten.
- **Scharfe Klingen:** Auch wenn das auf den ersten Blick paradox erscheinen kann, aber scharfe Klingen verursachen weniger Hautschäden und -irritationen als stumpfe. Sie gleiten schlichtweg geschmeidiger über die Haut. Vermeide es also, mit stumpfen Klingen über dein Gesicht zu kratzen und zu schaben.
- **Rasierschaum:** Der riecht nicht nur gut, sondern bildet auch eine Gleitschicht und lässt die Klingeln noch sanfter gleiten.
- **Mit dem Wuchs rasieren:** Führe den Rasierer mit der Haarwuchsrichtung. Auch wenn Du denkst, dass die entgegengesetzte Richtung mehr bringt. Tu es nicht! Versuche auch alle Haare mit einem Strich zu entfernen. Mehrmaliges darüber Rasieren führt nur zu mehr Reizungen und dadurch zu mehr Angriffsfläche für die Pickel verursachenden Bakterien.
- **Nachbehandlung:** Verzichte nicht auf eine entsprechende Pflege nach der Rasur. Der Handel hält eine Vielzahl von desinfizierenden und gleichzeitig pflegenden Mittelchen für dich bereit, die dir und deiner Haut guttun.

Mit ein bisschen Übung wirst du bald der Rasiermeister in deinem Viertel sein und die lästigen Rasierpickel können bald der Vergangenheit angehören.

Ach, übrigens: Diese Tipps gelten nicht nur für die Entfernung der Gesichtsbehaarung, wenn du verstehst, was ich meine!

7 Grillen mit Veganern – das Ende der Welt?

Mit der Erfindung des Feuers begann die Ära des Grillens. Wild und ungezähmt züngeln die Flammen auf dem Grill. Der Sound, wenn das saftige Fleisch mit dem glühenden Rost eine liebevolle Einheit eingeht, lässt so manches Männerherz höherschlagen. Grillen ist mehr als eine Zubereitungsart von Speisen. Grillen ist Tradition, eine Lebensphilosophie, eine der letzten Bastionen richtiger Männer.

Am Grill sind Männer noch Männer. An dieser heiligen Stätte haben die Frauen ausnahmsweise mal nicht das Sagen. Hier sind wir, das starke Geschlecht, der wahre Herrscher über Flammen und Fleisch.

Der Tag des „Angrillens“ ist gekommen und natürlich kommen Freunde von nah und fern, um die Saison gemeinsam mit dir zu eröffnen.

„Schaaaaaaaaatz? Denkst du dran, dass Petra und Malte mittlerweile Veganer sind? Hast du für die beiden auch etwas besorgt?“

Dieser Ruf aus der Küche erreicht dich wie ein Paukenschlag. Dir bricht der Schweiß aus, du fängst an, an der Menschheit zu zweifeln. Malte, dein Kumpel Malte, hat sich auf die Seite des „Bösen“ geschlagen.

Aber ich kann dich beruhigen. Denn: Wären Petra und Malte „militant“, dann hätten sie die Einladung gar nicht erst angenommen. Das ist schon mal viel Wert. Und auch sind die Zeiten vorbei, dass veganes Grillgut zu den Kuriositäten und Raritäten gezählt hat. Man muss heute nicht mehr sein Erstgeborenes opfern, um diese Art von Lebensmitteln zu bekommen. Jeder Supermarkt und Discounter hält eine breite Palette an pflanzlichen und grillbaren Lebensmitteln bereit.

Ein Grillabend mit Veganern bedeutet nämlich schon lange nicht mehr, dass nur Gemüsespieße oder Tofu zubereitet werden. Die Vielfalt ist fast erschlagend. Burger, Würstchen, Cevapcici, ja sogar veganer Grillkäse hat mittlerweile seinen Weg in die Mitte der Gesellschaft gefunden.

LIFEHACK

Tipps und Tricks für konfliktfreies Miteinander auf dem Grill und im Garten

Hast du die erste Hürde genommen und bist im Discounter um der Ecke fündig geworden, dann solltest du beim aktiven Grillen einige Regeln beachten, damit es nicht vielleicht doch noch in die Hose geht und zum Eklat kommt.

- **Respekt:** Auch wenn es dir als passionierter Fleischesser auf der Zunge liegt, vermeide Sprüche wie „Veganer essen meinem Essen das Essen weg", „Vegan ist nur eine nette Umschreibung für ‚zu doof zum Jagen'!" oder auch „Und jetzt das Ganze noch lecker mit Käse überbacken". Freu dich lieber darüber, dass deine Freunde da sind, um mit dir einen schönen Abend zu verbringen.
- **Separate Grillfläche:** Es muss kein zweiter „pflanzlicher Grill" aufgebaut werden. Es reicht schon, wenn du darauf achtest, dass es nicht zur Kreuzkontamination kommt. Verwende für das vegane Grillgut eine separate Grillzange und wenn der Abstand auf dem Rost nicht unbedingt gegeben ist, dann sind kleine Schälchen aus Alu eine wunderbare Möglichkeit, die verschiedenen Lebensmittel voneinander getrennt zu halten.
- **Vertrauen:** Deine Gäste vertrauen dir! Versuche ihnen nichts unterzujubeln, was nicht ihren Ernährungsgewohnheiten entspricht. Die meisten Veganer sind nicht vegan geworden, weil sie den Geschmack von Burgern oder Würstchen nicht mögen. Sie sind es aus moralischen und ethischen Gründen. Und, das muss ich dir nun auch ganz ehrlich sagen, ein geschmacklicher Unterschied ist in den meisten Fällen nicht mehr auszumachen. Also wenn deine

Gäste dich fragen, worum es sich handelt, bleib bitte immer bei der Wahrheit!

In diesem Zusammenhang fällt mir gerade eine Geschichte mit meinem Großvater ein. Auch unsere Familie musste sich bei einer Grillfeier einmal auf Veganer einstellen. Opa, Fleischesser, weit über 90, griff beherzt zu und erwischte einen veganen Burger. Ohne zu wissen, was er aß, war er begeistert. Wir haben nichts gesagt, denn hätte er es gewusst, dann hätte es ihm nicht mehr geschmeckt. Du siehst, Essen ist auch Kopfsache.

Ja, ich gebe zu, so ganz korrekt war es vielleicht nicht, aber umgekehrt hätten wir jeden Veganer darauf hingewiesen, dass es sich um ein tierisches Produkt handelt.

Schwing also die Grillzangen, zünde die Kohle an und grille veganes Grillgut wie ein richtiger Mann. Worauf wartest du noch?

8 Vom Kamm zur Kahlheit

Widmen wir uns jetzt mal einem Thema, mit dem wir alle zu kämpfen haben. Der eine früher, der andere später. Haarausfall!

Mein Freund Bob kann davon ein Liedchen singen. Bob, ein toller Kerl, der schon immer ein Faible für lange Haare hatte. Er konnte das auch tragen, verfügte er doch über eine wallende Mähne, die so manche holde Weiblichkeit vor Neid erblassen ließ. Lang, kräftig und von seidigem Glanz.

Er hatte kaum die 30 erreicht, eigentlich kein Alter, begann das Drama. Zuerst fing es nur mit ein paar Haaren mehr als gewöhnlich im Kamm an. Noch kein Grund, sich einen Kopf zu machen. Denn in der Regel verliert der Mensch 70 bis 100 Haare täglich. Das ist ganz normal. Doch Bobs Aufmerksamkeit war erwacht und er achtete mit Argusaugen auf die täglichen Haare im Kamm.

Du kannst dir vorstellen, wie es weitergeht? Seine Haare verließen ihn schneller als die Ratten das bekannte sinkende Schiff.

Noch bevor seine Walla-Walla-Mähne zu einer allgemeinen Lachnummer werden konnte, ließ er zur Schere greifen. Der Barbier seines Vertrauens staunte nicht schlecht, als Bob mit seiner radikalen Bitte an ihn herantrat, musste aber nach einer gründlichen Begutachtung der Haarpracht zugeben, dass es die beste Entscheidung ist.

Und während der Prozedur, bei der Bob sich so manche Träne verkneifen musste, erfuhr er Erstaunliches.

Haarausfall und seine Gründe

Bobs Barbier, ein sehr empathischer Typ, mit Glatze und Vollbart, klärte ihn über die möglichen Gründe für den auftretenden Haarausfall auf. Neben genetischer Veranlagung können auch hormonelle Veränderungen eine große Rolle bei Haarausfall spielen. Und wenn wir mal ernsthafte Erkrankungen und ihre medikamentöse Behandlung außen vor lassen, dann zählen emotionaler oder auch physischer Stress zu einem der Gründe, warum die Haare eher weichen können. In diesem Zusammenhang ist dir vielleicht „kreisrunder Haarausfall“ ein Begriff.

Du kannst die dummen Sprüche schon hören

Wer beste Freunde hat, braucht auf spitze Sprüche nicht lange zu warten. Auch wenn du weißt, dass jede Gehässigkeit von Herzen kommt, so kann es doch mit der Zeit ein wenig lästig werden und dein bereits angeknackstes Selbstvertrauen noch weiter belasten.

Nutze deine neue Glatze als Markenzeichen! Denke an all die berühmten und smarten Männer, die Glatzenträger sind.

Wenn du folgende Liste siehst, dann sollte es dir schon ein bisschen besser gehen:

- Vin Diesel,
- Bruce Willis,
- „The Rock“,
- Ben Kingsley
- und nicht zu vergessen: der clevere Lord Varys aus Game of Thrones.

LIFEHACK

Umgang mit blöden Sprüchen – lass sie an dir und deiner Teflon-Glatze einfach abperlen

Biete Freunden und Familie keine Angriffsfläche. Mit folgenden Tipps stärkst du dein Selbstvertrauen, kannst auch Grenzen setzen und auch den einen oder anderen Lacher verbuchen.

- **Selbstironie:** Mache Witz über deine Glatze, noch bevor es ein anderer machen kann. Das Argument, dass du zwar mehr Gesicht zu waschen hast, aber Unmengen an Shampoo sparst, kann ein Anfang sein. Gerne genommen wird auch der Spruch „Kommt die Weisheit, weichen die Haare". Lass deiner Phantasie freien Lauf und übe dich in Spontanität.
- **Bleib gelassen:** Versuche nicht überzureagieren; oftmals versucht dein Gegenüber mit dummen Sprüchen seine eigene Unsicherheit zu überspielen. Nimm es nicht persönlich. Deine Haarpracht war nicht der Grund, warum sie dich alle mögen.
- **Lege Wert auf respektvollen Humor:** Du musst dir aber nicht alles bieten lassen. Auch, wenn vieles an dir abgleiten kann, setze Grenzen, wenn Sprüche unter die Gürtellinie gehen.
- **Lachen ist die beste Medizin:** Dich kann nichts aufhalten, wenn du über dich selbst lachen kannst.

9 Sprich über Fußball wie ein Profi – ein Leitfaden für Nichtkenner

Warum geht eigentlich immer jeder davon aus, dass man sich bis ins kleinste Detail mit Fußball auszukennen hat? Weil es DER Männersport ist? Wir sind hier unter uns und du kannst es ruhig zugeben. Du liebst die Abende mit deinen Freunden, das gesellige Beisammensein, den neuesten Männertratsch, aber von Fußball hast du jetzt nicht wirklich Ahnung, oder? Keine Sorge, du bist nicht allein.

Und damit du zukünftig doch das eine oder andere Mal deinen Senf dazugeben kannst, habe ich in meiner kleinen Trickkiste gekramt, damit du auch ohne fundierte Kenntnisse im Fußball bei deinen Freunden punkten kannst.

LIFEHACK

Improvisation ist alles!

- **Lerne ein paar Fakten:** Damit meine ich jetzt nicht die Abseitsregel. Denn sind wir mal ganz ehrlich, die kennen die wenigsten. Nein, ich meine Fakten, wie oft Deutschland Weltmeister war, bei welcher Mannschaft Messi spielt oder kenne die Namen, ein paar berühmter Fußballer wie Beckham, Ronaldo oder den guten alten Pelé.
- **Nutze „Fußball-Begriffe“:** Begriffe wie Taktik, Spielmacher, Mannschaftsaufstellung, Torjäger oder Spielsystem kannst du immer mal wieder einfließen lassen.
- **„Die Macht der Ablenkung“:** Solltest du vielleicht mal feststecken, dann lenke ab! Frag, ob du jemandem auch noch ein Bier mitbringen sollst oder es ist gerade jetzt der Zeitpunkt, auf die Toilette zu gehen.
- **„Der Ton macht die Musik“:** Es ist nicht immer ausschlaggebend, was du sagst, sondern wie du es sagst. Sprich mit Überzeugung, so als ob du wüsstest, wovon du redest.
- **„Butter bei die Fische!“:** Gib es einfach zu, dass du null Ahnung hast. Ganz einfach. Sag einfach, dass du die Zeit mit deinen Freunden genießt, dass bei dir das Beisammensein im Fokus steht und du eben die Atmosphäre dieser Veranstaltungen liebst. Und eventuell bist du nicht allein in der Runde und der eine oder andere hatte bis dato nicht die Traute, sich zu outen.

Letztlich geht es doch darum, Zeit miteinander zu verbringen, Spaß zu haben und mit Leidenschaft bei der Sache zu sein. Also mach dir keine Sorgen! Echte Freunde stehen zusammen, auch wenn du die Abseitsfalle zum wiederholten Male nicht erkannt hast.

10 Bleib ganz entspannt – das erste Mal beim Urologen

Lass mich dich auf deinem ersten Gang zum Urologen begleiten. Ja, ich weiß, das hört sich jetzt nicht unbedingt nach einem Freizeitausflug an, aber hey, es ist verdammt wichtig. Der Besuch beim Urologen ist mehr als nur „Finger im Po – Mexiko"! Er ist wichtig, denn es geht um deine Gesundheit. Lehne dich nun entspannt zurück und lass uns darüber sprechen, wie ein Besuch abläuft.

Zuerst die gute Nachricht: Du wirst nicht sofort „befummelt"! In der Regel beginnt dein Termin mit einem lockeren Gespräch. Die Ärztinnen und Ärzte wissen, welche Vorurteile und Bedenken herrschen, wenn man das erste Mal bei ihnen in der Praxis aufschlägt. Und um die Spannungen ein wenig herauszunehmen, beginnt es mit einer Art „Small Talk", der vielleicht nur ein bisschen tiefer ins intimere Detail geht.

Ab auf die Liege!

Ist das erste Eis gebrochen, geht es an die physische Untersuchung. Man wird dich bitten, auf einer Liege Platz zu nehmen und in liegender Position werden Bauch, Leisten, Penis und Hoden untersucht.

Für die Prostatauntersuchung musst du dich dann auf die Seite drehen. Um eventuelle Auffälligkeiten in Größe, Form und Beschaffenheit der Prostata festzustellen, wird der Arzt bei dieser rektalen Untersuchung vorsichtig seinen Finger in den Enddarm einführen und Dich behutsam abtasten.

Bleib entspannt, er macht dies nicht zum ersten Mal und wird mit äußerster Vorsicht vorgehen. Mach dir bewusst, dass du in sehr guten Händen bist.

Warum tue ich mir das hier überhaupt an?

Die Frage drängt sich mit Bestimmtheit auf. Aber vergiss nicht: Es geht um deine Gesundheit. Es geht darum, eventuelle Probleme, die du selbst an dir noch nicht wahrnehmen könntest, frühzeitig zu erkennen. Viele urologische Probleme, wie Hodenerkrankungen oder Prostatakrebs haben gute Behandlungschancen, wenn sie frühzeitig erkannt werden. Je weiter solche Krankheiten unentdeckt in deinem Körper wachsen können, desto schwerer wird es, sie wieder loszuwerden.

Du bist verantwortlich für deine Gesundheit, nicht deine Frau, nicht dein Partner oder gar deine Mutter. Nur du allein! Und nicht zu vergessen, die Verantwortung, die du für deine Familie trägst. Denke immer daran: Du wirst geliebt.

LIFEHACK

Vorbereitung ist alles

Und damit du nicht ganz wie der „Ochs vor dem Berg“ stehst, sieh dir meine kleine Vorbereitungsliste an und lass sie dir ein Begleiter sein.

- **Unterlagen mitnehmen:** Wirst du von deinem Hausarzt überwiesen, wird dieser dir sicherlich einen Befund oder andere ärztliche Unterlagen mitgeben. Vergiss sie nicht!
- **Arzt oder Ärztin:** Diese Entscheidung liegt bei dir. Aber ich kann aus eigener Erfahrung sagen, dass ein Arzt bei einer Erstkonsultation vielleicht die bessere Wahl sein kann. So von Mann zu Mann spricht es sich in der Regel leichter.
- **Sprich über deine Unsicherheit:** Nimm kein Blatt vor den Mund. Wenn du Angst hast oder es dir unangenehm ist, dann sprich frei von der Leber weg. Der Doc wird es verstehen.
- **Essensgewohnheiten:** Kohlgemüse oder ein herzhafter Chili sind vielleicht nicht gerade das beste Essen vor einer Prostatauntersuchung. Der Arzt nimmt auf dich Rücksicht und du bitte auch auf ihn. Erspare dir die Peinlichkeit unkontrollierter Darmwinde und dem Arzt eine Geruchsbelästigung.
- **Körperhygiene:** Gründliche Körperhygiene sollte vor jedem geplanten Arztbesuch selbstverständlich sein, könnte aber im Eifer des Gefechts vergessen werden. Und denke daran, was deine Mutter immer gesagt hat: „Zieh ’nen frischen Schlüppi an“!

Du siehst, es gibt keinen einleuchtenden Grund, den Gang zum Urologen zu scheuen. Nichts wird so heiß gegessen, wie es gekocht wird.

11 Wenn die Nacht länger wird als geplant

Du kennst es bestimmt! Feierabend, du kommst gerade nach Hause, da geht auch schon das Telefon. Die Kollegen rufen an und schlagen ein Treffen in der Kneipe um die Ecke vor. Es ist zwar unter der Woche, aber komm, ein Feierabendbierchen mit Freunden, ein bisschen entspannen, der Tag war hart genug.

Wenn es denn bei einem Bierchen bleiben würde, könnten wir diesen Abschnitt getrost abhaken. Aber leider ist es nicht immer so. Man quatscht sich fest, es ist gemütlich und aus einem unbekannten Grund scheint das Bier im Glas zu verdunsten. Ehe du dich versiehst, ist die halbe Nacht herum und bei einem Bierchen ist es auch nicht geblieben.

Krankmelden ist keine Option

Hörst du sie, die Stimme deiner Mutter? Die Stimme, die dich in jungen Jahren aus dem Bett getrieben hat, damit du aufstehst und zur Schule gehst, obwohl du erst im Morgengrauen aus dem Club nach Hause gekommen bist? „Wer feiern kann, der kann auch zur Schule!“ Ich höre sie noch, als ob es gestern gewesen wäre.

Nur dass jetzt nicht der Lehrer wartet, sondern dein Chef. Reiß dich zusammen! Raus aus den Federn, es hilft alles nichts!

LIFEHACK

Tipps und Tricks für den Tag danach

- **Ab unter die Dusche:** Spüle die vergangene Nacht erst einmal komplett von dir ab. Wechselduschen können wahre Wunder wirken, bringen dein Blut wieder in Wallung und kurbeln deinen Kreislauf an.
- **Unbedingt frühstücken:** Ein leichtes Frühstück weckt deine Lebensgeister aufs Neue, stabilisiert deinen Blutzuckerspiegel und füllt die Energiereserven auf. Denke daran: Es liegt ein langer Tag vor dir! Neben Kaffee gegen die Müdigkeit solltest du Vitamine, vielleicht in Form von O-Saft, zu dir nehmen und ein Rührei mit Toast belastet deinen Magen nicht zu extrem und stillt den aufkeimenden Hunger.
- **Schmerzmittel gegen den eventuellen Brummschädel:** Kopfschmerzen kannst du mit Ibuprofen oder Paracetamol den Kampf ansagen. Aber bitte nicht auf leeren Magen und schon gar nicht überdosiert!
- **Über den Tag viel Trinken:** Wasser, Wasser und nochmals Wasser. Entgifte dich von innen. Auch Elektrolytgetränke können verlorene Mineralstoffe wieder auffüllen.
- **Teile deine Mittagspause auf:** Wenn du ausreichend Zeit in der Mittagspause hast, dann solltest du die erste Hälfte zu einem Powernap nutzen und die zweite für einen kleinen Spaziergang an der frischen Luft.

Wenn du es dann bis zum Feierabend geschafft hast, nutze den restlichen Abend zur Entspannung und gehe zeitig ins Bett. Dein Körper wird es dir danken.

Sollte das Telefon wieder klingeln, dann lass es klingeln. Aus dem Alter sind wir raus, dass wir mehrere Nächte hintereinander durchmachen können!

12 Babysitter Widerwillen – wie ein paar Minuten zu einer Ewigkeit werden können

Du schlenderst gemütlich durch die Innenstadt und möchtest deinen freien Tag genießen. Und wie das der Zufall so will, triffst du auf eine alte Freundin, die vor ein paar Wochen Mutter geworden ist. Du freust dich über diese zufällige Begegnung, ihr habt euch länger nicht gesehen und es gibt so einige Neuigkeiten auszutauschen. Gemeinsam geht ihr weiter.

Plötzlich bleibt sie vor einem Geschäft stehen und bittet dich, kurz auf das Baby im Kinderwagen aufzupassen, während sie schnell eine Besorgung machen möchte. Klar, kein Problem! Der Zwerg im Wagen schläft ja den Schlaf der Gerechten.

Doch es kommt, wie es kommen muss. Kaum hat sich das Mutterschiff entfernt, regt es sich im Kinderwagen. Aus einem zaghaften „Knatschen“ wird schnell ein ausgedehntes „Krähen“.

Nein, bitte nicht! Und von der Mutter weit und breit noch nichts zu sehen!

Schnell umrahmt von „Glucken“

Nichts, aber auch gar nichts, zieht Frauen schneller an als ein weinendes Baby. Und schon bist du umrahmt von besorgter Weiblichkeit.

„Ja, was hat es denn, das Kleine?“ Ja, wenn du das wüsstest. Und schon kramen sie ihre Mütterlichkeit raus und wollen helfen.

Es ist wohl eine angeborene Verhaltensform, dass Frauen bei solchen Situationen versuchen, einen näheren Blick auf das Baby zu werfen und nicht selten dabei anfangen, an der Decke im Wagen zu fingern. Auch wenn du jetzt vielleicht ein wenig überfordert oder ratlos bist, eines darfst du nicht vergessen: Du hast gerade die Verantwortung für dieses kleine Wesen. Jeden noch so lieb gemeinten „Übergriff“ solltest du hier höflich, aber bestimmt im Keim ersticken.

LIFEHACK

Erste-Hilfe-Maßnahmen – mach dich ruhig zum Affen!

Wenn du, wovon wir jetzt einfach mal ausgehen, ungeübt im Umgang mit Babys bist, dann lass es bitte im Kinderwagen liegen. Es gibt zahlreiche Mittel und Wege, ein wenig Ruhe in die Situation zu bringen.

- **Schnuller:** Vielleicht hat der Zwerg nur seinen Schnuller ausgespuckt, was ihn beunruhigt und zum Weinen bringt. Schau nach und wenn dem so ist, dann halte ihn ihm wieder hin. Wie ein Vakuum wird er ihn einsaugen. Gefahr erkannt, Gefahr gebannt!
- **Leichtes Schaukeln des Kinderwagens:** Wird der Schnuller nicht angenommen oder sofort wieder ausgespuckt, versuche es mit leichtem Wiegen des Wagens. Mache keine Schiffsschaukel daraus. Leichtes Vor- und Zurückfahren des Wagens mit leichten Wipp-Bewegungen vermittelt Anwesenheit und kann beruhigen.
- **Ansprache:** Sprich mit leiser und sanfter Stimme mit dem Baby. Dir fällt nichts ein, was du ihm erzählen könntest? Erzähle vom Job, vom letzten Bundesligaspiel oder vom Wetter. Ganz egal, es geht um deine Stimme. Du kannst auch etwas summen oder singen. Ja, hier kannst du dich so richtig zum Affen machen. Aber was soll's? Wenn es hilft?
- **Ablenkung:** Manchmal kann es helfen, das Baby mit einem Spielzeug abzulenken. Zeig ihm sein Räppelchen und mit einem „gutschi gutschi" erregst du vielleicht seine Aufmerksamkeit, sodass es das Weinen vergisst.

Probiere dein Glück und du wirst sehen, auch die längsten Minuten Deines Lebens werden vorübergehen. Und der dankbare Blick des Mutterschiffs geht doch dann anschließend runter wie Öl!

13 Bitchtits – wenn Brust und Bauch sich immer näherkommen

Liebevoll zwicken sie dir in die Brust: „Na, welche Körbchengröße haben wir denn?“ Ja, wer Freunde hat, braucht keine weiteren Feinde. Doch recht haben sie ja schon. Wo kommt denn bloß dieser hängende Brustansatz her?

Du stehst vor dem Spiegel und betrachtest dich mal intensiver als üblich. Okay, du hast dein Training in letzter Zeit schon ein wenig schleifen lassen, aber als übergewichtig würdest du dich nun auch nicht bezeichnen. Was ist passiert?

Entstehung deiner Hängebrüste

Lass uns gemeinsam diesem Phänomen auf die Spur kommen. Es gibt viele Gründe für männliche Hängebrüste und die haben nicht immer etwas mit Übergewicht zu tun. Da kann ich dich schon einmal beruhigen.

Gynäkomastie, so der Fachbegriff, entsteht in der Regel durch ein Ungleichgewicht von Testosteron und Östrogen, den männlichen und weiblichen Hormonen, in deinem Körper. Normalerweise ist der Testosteronspiegel im männlichen Körper höher als der Östrogenanteil und unterdrückt eine Entwicklung von weichem

Brustgewebe. Gewinnt allerdings das Östrogen die Oberhand, kann es zu einer Gynäkomastie kommen.

Die Gründe für diese Hormonverschiebung können vielfältig sein. Tauchen die Hängebrüste schon in jungen Jahren auf, können die Ursachen bereits in der Pubertät zu finden sein. Aber auch die Einnahme bestimmter Medikamente oder eben altersbedingte Veränderungen im Hormonhaushalt können eine Rolle spielen.

LIFEHACK

Kein medizinisches Problem – aber schick ist anders

Zuerst musst du dir klarmachen, dass es sich bei Bitchtits um kein ernsthaftes medizinisches Problem handelt. Bei besonders ästhetisch veranlagten Vertretern unserer Spezies kann das schlaffe Brustgewebe allerdings für seelisches Unbehagen sorgen und auch am Selbstbewusstsein nagen.

Bitchtits entgegenwirken – nimm dein Training gezielt wieder auf

Um deine Körbchengröße in den Griff zu bekommen, ist ein spezielles Training für die Brustmuskulatur ein effektiver Schritt. Liegestützen, Bankdrücken, Rudern oder Fliegende sind effektive Übungen, die das Gewebe straffen und die Muskeln im Brustbereich stärken können.

Und wenn du schon einmal dabei bist, kannst du dein Training auch mit kardiovaskulärem Training ergänzen. Schwing dich aufs Rad, geh schwimmen oder leg zwischendurch mal wieder eine kleine Joggingrunde ein.

Sind sie hartnäckig und wollen bei dir bleiben?

Trotz aller Bemühungen haben deine Bitchtits dich so liebgewonnen, dass sie sich weigern, komplett das Weite zu suchen? Nun, wenn du nicht den letzten Schritt eines operativen Eingriffs gehen möchtest, dann bleiben dir immer noch Humor und eine kaschierende Garderobe.

Freunde dich mit ihnen an, gib ihnen Kosenamen und nimm dich dabei selbst nicht zu ernst. Mache diese „Extraportion Männlichkeit“ zu einem Teil von dir und spiele sie gekonnt gegen „hühnerbrüstige“ Kollegen aus.

14 Der vergessene Jahrestag – Improvisation vom Feinsten

Dein Tagwerk ist vollbracht. Nach einem harten Tag im Büro kommst du nach Hause und möchtest dir dein wohlverdientes Feierabendbier gönnen. Plötzlich fällt dein Blick auf den Zettel, der am Kühlschrank prangt. In großen roten Buchstaben ist hier zu lesen: „Jahrestag! Julia kommt zum Essen! 19.00 Uhr!"

Panik macht sich breit, kalter Schweiß auf der Stirn, gepaart mit gleichzeitigen Hitzewellen. Verdammt! Wie konntest du das nur vergessen? In der Wohnung sieht es aus bei Hempels unterm Sofa, der Kühlschrank weist in keiner Weise irgendetwas Essbares auf, geschweige denn etwas, woraus man ein romantisches Dinner zaubern könnte. Ja, und mit Blumen ist auch „Essig".

NOTE

LIFEHACK

Ruhig, Brauner, wir kriegen das hin – eine Schritt-für-Schritt-Anleitung

Du atmest jetzt kurz durch und dann zäumen wir das Pferd von hinten auf und retten diesen Abend!

Schritt 1: Ruf einen Blumenservice an und bestelle einen wunderschönen Blumenstrauß mit ihren Lieblingsblumen und einer Karte „Danke, für diesen wunderbaren Abend". Die Lieferung datierst du auf den kommenden Tag!

Schritt 2: Reserviere schnell einen Tisch in eurem Lieblingsrestaurant. Bitte um einen ruhigen Platz und um eine kleine Aufmerksamkeit, wie ein Glas Champagner zur Begrüßung. Vielleicht können sie auch den Tisch etwas liebevoll gestalten. Erkläre deine Situation, sie werden dir sicher unter die Arme greifen können.

Schritt 3: Ab unter die Dusche! Schmeiß dich in Schale, denn du kannst davon ausgehen, dass auch sie nicht in Jogginghosen bei dir auflaufen wird.

Schritt 4: Erwarte sie bereits unten vor der Tür, so bleibt dir die Peinlichkeit deiner „Rumpelkammer" erspart und du stellst unter Beweis, dass du diesen Abend genau geplant hast!

Schritt 5: Bleib geheimnisvoll! Frauen sind neugierig, lieben es aber dennoch, überrascht zu werden. Souverän und ganz Gentlemen wirst du diesen Abend wuppen!

Es geht nicht um Perfektion

Am Ende des Tages geht es nicht darum, perfekt zu sein. Es geht um Liebe und Verbundenheit. Und wenn der Abend dann doch noch bei dir zu Hause zum Ausklang kommen sollte, wird ihr dein heimisches Chaos sicherlich gänzlich egal sein. Denn diese gemeinsamen, schönen Stunden haben sie verzaubert und „blind vor Liebe“ gemacht.

Und die Blumen sind ja auch noch auf dem Weg.

15 Familienbesuche – Chaos und Streit vorprogrammiert

Du liebst deine Familie, das ist gar keine Frage. Eltern, Onkel, Tanten, Neffen, Nichten, ja, du verfügst über einen großen Clan. Du genießt die Zeit mit ihnen, aber doch bitte nicht alle auf einmal!

In homöopathischen Dosen ist deine Familie ein Traum, aber als geballte Ladung eine Herausforderung, um nicht zu sagen: eine Katastrophe?

Kreischende Kinder, familiäre Unstimmigkeiten, die immer wieder hervorgekramt werden, Fragen, wann denn endlich mit Enkelkindern zu rechnen sei, sind nur einige Vorahnungen, die dich ereilen, wenn du an die nächste Zusammenkunft des Rudels denkst.

Tröste dich! Damit bist du nicht allein. Aber es gibt Momente, da kommst du einfach nicht drumherum, alle auf einmal ertragen zu müssen. Weihnachten, Geburtstage, Jubiläen sind nun mal solche Veranstaltungen, da kannst du dich nicht entziehen. Da ist Anwesenheitspflicht.

Gründe, warum es immer wieder eskalieren kann

Hast du dich schon mal gefragt, warum das eigentlich so ist, dass es immer wieder zu Spannungen kommt, wenn alle auf einem Haufen sind? Schauen wir mal gemeinsam auf ein paar Aspekte und versuchen, Lösungsansätze zu finden, die zur Deeskalation beitragen könnten.

Zuerst wären da die unterschiedlichen Meinungen und Lebensstile, die aufeinandertreffen. Oftmals resultieren sie einfach aus den verschiedenen Generationen. Was früher noch wichtig war, hat oftmals in der heutigen Zeit an Wert einbüßen müssen. Klar, dass Oma und Opa ganz anderer Meinung sind als die Kinder und

Enkel. Schnell kann ein Wort das andere ergeben. Zack! Da haben wir den Salat.

Oder nicht aufgearbeitete Konflikte. Kaum ist Gras über eine Sache gewachsen, kommt irgendein Kamel auf der Feier daher und frisst es wieder ab. Du hattest den Zwist mit deinem Cousin schon fast vergessen, aber nein, Vergangenes wird wieder aufgewärmt. Das Ende vom Lied: Die Stimmung ist dahin!

Der Erwartungsdruck, den jeder mit auf diese Treffen bringt, darf ebenfalls nicht unterschätzt werden. Es soll eine schöne Feier werden, es soll keinen Streit geben, man erwartet die „Jakobs-Krönung-Familie“, in der sich alle lieb haben. Unter solchen Erwartungen und Anspannungen kann schon ein falsches Wort zu viel sein und das Pulverfass, auf dem alle sitzen, geht einfach nur hoch.

Letztlich können viele Faktoren zu Streitigkeiten und Unbehagen auf Familienzusammenkünften beitragen. Behalte die Aspekte einfach im Hinterkopf. Denn wie gesagt, du wirst nicht der Einzige sein, der unter enormer Anspannung steht.

LIFEHACK

Die Kuh vom Eis holen – ruhig bleiben und das Beste daraus machen

- **Begrüßung:** Du weißt, dass viele der Anwesenden die gleichen Befürchtungen im Kopf haben. Starte locker flockig mit einem „Auf in den Kampf! Wir kriegen das hin!“ oder „Hey, herzlich willkommen im Zentrum des Chaos!“ Das kann schon mal ein wenig Spannung lösen und noch bist du voller Optimismus.
- **Respekt:** Klare und respektvolle Kommunikation, auch wenn sie noch so schwerfällt, ist entscheidend, um Schlimmeres zu verhindern, wenn es langsam anfängt zu brodeln.
- **Vermeide heikle Themen:** Politik, Religion oder auch Kritik an persönlichen Lebensentscheidungen anderer Familienmitglieder sind fehl am Platz. Lass dich nicht auf solche Diskussionen ein, auch wenn du mit einem „Jetzt sag doch auch mal was!“ dazu aufgefordert wirst. Nicht dein Zirkus, nicht deine Affen! Halte dich raus und versuche es mit einem Ablenkungsmanöver. Eine Antwort, die absolut nicht zum Thema passt, stiftet Verwirrung und lenkt ab!
- **Der Gang um den Block:** Du merkst, wie dein Energielevel stetig sinkt. Nimm dir eine kleine Auszeit. Entschuldige dich höflich und geh vor die Tür. Ein kurzer Gang um den Block gibt dir Zeit aufzutanken und Kraft für die nächste Runde zu schöpfen.
- **Der Rettungsanruf:** Wenn du merkst, dass dir das alles über den Kopf wächst und du befürchtest, dass du bei der nächsten blöden Frage oder Diskussion in die Luft gehen wirst, dann wird sich sicherlich ein Kumpel finden, der

dich mit einem fingierten „Ich brauche deine Hilfe"-Anruf retten kann.

Hast du das Treffen dann mehr oder weniger über die Bühne gebracht, kannst du wieder ruhig durchatmen. Und die Erkenntnis des Tages? Du liebst sie alle so, wie sie sind, und möchtest sie um nichts in der Welt missen!

16 Erektionsstörungen – wenn dein bester Freund dich hängen lässt

Ein herrlich gemütlicher Abend auf dem Sofa. Der Tag war stressig und du zappst durch die Streaming-Dienste. Ach, warum eigentlich nicht mal wieder einen Film aus der Kategorie „nur für Erwachsene“ heraussuchen. Hast du schon lange nicht mehr gemacht.

Also zurücklehnen, entspannen und genießen. Doch was ist das? Die Szenen auf dem Bildschirm nehmen langsam an Fahrt auf, aber weder du noch dein bester Freund ist bei der Sache. Verstohlen wirfst du einen Blick nach unten. Hey! Hallo? Was ist los mit dir?

Okay, es war ein Tag voller Hektik und Stress, da kann das schon mal passieren, oder? Geht eben nicht immer auf Knopfdruck! Probieren wir es morgen halt noch einmal. Kein Grund, nervös zu werden.

Doch auch die kommenden Abende verlaufen nicht anders. Der Film ist mehr als heiß, aber in der Hose bleibt es kalt. Oha! Was kann das sein?

Erektile Dysfunktion – schlaff, schlaffer, am schlaffsten

Das Dilemma des „schwächelnden Ständers“ ist so weitverbreitet wie die Suche nach der verlorenen Socke in der Waschmaschine. Ich hoffe, diese Aussage kann jetzt fürs Erste ein wenig Trost spenden.

Statistiken besagen, dass jeder fünfte Mann im Laufe seines Lebens einmal unter behandlungsbedürftigen Erektionsstörungen zu leiden hat. Du bist also definitiv nicht allein auf diesem sinkenden Schiff. Und du kannst davon ausgehen, dass auch in deinem Freundeskreis dieses Problem „in“ der Hand liegt. Wahrscheinlich könntest du zu einem Wettbewerb aufrufen, ganz nach dem Motto: Wer hat den schlaffsten Ständer?

Auch wenn wir in Sachen „tratschen“ unseren Frauen oft in nichts nachstehen, so schweigen wir uns über das „Versagen“ oder den „Schlappschwanz“ lieber aus. Das sind keine Geschichten, die wir vom Kirchturm posaunen.

Warum das Flaggschiff nicht mehr flaggt

Die Gründe für eine Flaute im Schlafgemach können vielfältig sein. Neben Stress und Leistungsdruck kann auch eine Diät aus zu vielen Tiefkühlpizzen und täglichen Bierschlückchen eine Rolle spielen, wenn die Bettfedern nicht mehr so quietschen, wie sie sollten. Aber auch physiologische Faktoren wie Bluthochdruck, Diabetes oder neurologische Erkrankungen können ihre Hand im Spiel haben, wenn das Liebeskarussell ins Stocken gerät. Hier gilt es, Licht ins Dunkel zu bringen und den Ursachen auf den Grund zu gehen.

Spring über deinen Schatten – vertraue dich jemanden an

Wie sagt mein Vater immer: Sprechenden Menschen kann geholfen werden! Und wie recht er doch hat. Sprich mit jemandem über das Thema. Mit deinem besten Freund, mit deiner besseren Hälfte oder auch mit Tante Magda. Wichtig ist erst einmal, dass das Thema auf den Tisch kommt.

Nachdem die Katze aus dem Sack ist, gilt es, den Ursachen auf den Grund zu gehen. Und hier kann dir am besten ein Arzt deines Vertrauens weiterhelfen. Dein Hausarzt oder dein Urologe sind die fachlich besten Ansprechpartner. Ja, ich weiß. Der Gang ist nicht leicht, aber er ist notwendig. Gemeinsam werdet ihr ergründen, warum die Fenster im Schlafzimmer zurzeit nicht mehr beschlagen.

LIFEHACK

Es muss nicht immer sofort Viagra sein

Wenn körperliche Ursachen für deine fehlende Paarungsbereitschaft ausgeschlossen werden können, ist das schon mal eine positive Nachricht und du kannst erst einmal versuchen ohne Medikamentenzufuhr wieder Herr über den „Herrn“ zu werden.

- **Entspannungsübungen:** Versuche, dich und deinen Körper zur Ruhe zu bringen. Atemübungen zur Beruhigung oder vielleicht auch Meditationsübungen können helfen, dich „runterzuholen“ und dich mehr auf dich zu besinnen.
- **Gesunde Ernährung:** Du musst jetzt nicht gleich zum Vegetarier werden oder alles Ungesunde aus deinem Leben verbannen. Achte einfach ein wenig mehr darauf, was du zu dir nimmst. Ein wenig mehr Obst, vielleicht weniger Fastfood und mal den einen oder anderen Drink auslassen.
- **Bewegung:** Bring dich ein bisschen in Schwung und lass dir frische Luft um die Nase wehen. Ein ausgedehnter Spaziergang kann das Blut auch in unteren Körperregionen zur Wallung bringen.
- **Mach den Kopf frei:** Versuche, nicht immer an den „hängenden Freund“ zu denken. Das setzt dich nur weiterhin unnötig unter Druck und ist mehr als kontraproduktiv.
- **Medikamente:** Sollten alle deine Bemühungen nicht von Erfolg gekrönt sein, dann kannst du immer noch mit deinem Arzt über die „kleine blaue Pille“ reden.

Lass dir helfen, sei geduldig und du wirst sehen, bald werden die Bettfedern wieder quietschen.

17 Shopping-Tour mit der besseren Hälfte – dir bleibt auch nichts erspart

„Schaaaaaaaaaaaatz!“

„Ja?“

„Du, Schatz, ich habe gar nichts mehr anzuziehen!“

O Gott, ein Kleiderschrank-Notfall! Du siehst schon die Schlagzeile: „Verzweifelte Frau hat nichts mehr im Kleiderschrank! Wie soll sie überleben?“

„Ja, dann musst du jetzt wahrscheinlich nackt über die Straßen rennen. Hahaha!“

„Wirklich, Schatz! Ich brauche was Neues! Wenn du nicht mit mir shoppen gehst, dann geh’ ich allein – mit DEINER Kreditkarte!“

Spätestens jetzt tritt dir kalter Schweiß auf die Stirn. Deine Kreditkarte! Wenn du jetzt nicht reagierst, dann wird der Kreditrahmen gesprengt! Atme einmal tief ein und sage zu, ihr Shopping-Begleiter zu werden.

Geht es ums Shopping, existiert bei Männlein und Weiblein ein Unterschied wie Tag und Nacht.

WIR: „Ich brauche ’ne Jeans! Ab in den Laden, jo, die passt. Komm, ich nehme gleich zwei, dann habe ich für die nächsten Jahre Ruhe.“ Bezahlen, fertig und raus.

SIE: „Ja, das ist schon gut, aber irgendwie, ach, ich weiß nicht so recht, vielleicht doch etwas anderes …“ Das Ergebnis nach 3 Stunden: Vielleicht hat sie die erste Jeans gefunden.

Du siehst, Shoppen ist für Frauen mehr als nur Einkaufen. Shoppen ist ein Event. Es bedeutet für sie Entspannung, Stressabbau und ist auch ein soziales Erlebnis, bei dem sie Zeit mit ihren Liebsten verbringen möchten. Und das ist jetzt mal nicht die beste Freundin, sondern du. Fühle dich also geehrt.

LIFEHACK

Es gilt, Fettnäpfchen zu vermeiden und gut durch diesen Tag zu kommen

Damit du gut und relativ entspannt durch diesen Tag kommst, habe ich hier ein paar Tipps für dich auf Lager.

- **Bequeme Schuhe:** Frauen können auf Pumps Kilometer machen, ohne dass ihnen die Füße wehtun. Ganz im Gegensatz zu uns. Lass die schicken Salonschleicher im Schrank und greife lieber zu bequemen Sneakers.
- **Diplomatische Stilberatung:** Sie erwartet deine wohlwollende, aber auch ehrliche Meinung, wenn sie aus der Umkleide kommt. Sei diplomatisch, wenn ein Kleidungsstück in deinen Augen nicht gerade vorteilhaft an ihr ausschaut. Vermeide Sprüche, die du als witzig empfindest, sie aber ganz schnell in den falschen Hals bekommen könnte. Bevor du sagst, dass etwas zu eng ist, bring eher an, dass du es an ihr etwas lockerer magst. Umschiffe so gefährliche Klippen.
- **Arbeite an dir:** Um deine Geduld war es noch nie gut bestellt? Dann nutze diesen Einkaufsbummel, um an dir zu arbeiten. Es soll ein netter Tag werden, ohne Streit. Ein gelegentliches „Ommm!“ kann dich unten halten.
- **Packesel:** Nein, du bist nicht der Packesel, wenn du ihre Tüten schleppst. Du bist der Wächter über ihre neuen Kostbarkeiten! Sie vertraut dir ihre Schätze an! Sieh es einfach so und nicht anders.
- **Egal, was passiert:** Vergiss nie, dass du sie liebst!

Und hast du diesen Tag ohne großen Schaden und ohne Beanspruchung deines Dispokredits überstanden, belohne dich am Abend mit einem kühlen Bierchen und hochgelegten Beinen.

18 Wo kommt der Fleck her? – Beim Anziehen war er noch nicht da

Die Zeit drängt. Wie so oft bist du mal wieder spät dran. Die Uhr tickt und der wichtige Geschäftstermin rückt immer näher. Ein schneller Griff in den Schrank. Wie gut, dass da noch ein weißes Hemd hängt.

Unterlagen geschnappt, Handy, Autoschlüssel und los geht's. Du liegst noch gut in der Zeit, noch ein schneller Gang in den Waschraum und beim Blick in den Spiegel, fällt dir alles aus dem Gesicht. Du bist dir ganz sicher, dass dieser Fleck genau neben der Krawatte beim Anziehen noch nicht da war. Jetzt ist guter Rat teuer, oder?

LIFEHACK

Sei schlau – stell dich dumm

Du hast jetzt mehrere Möglichkeiten, mit diesem Malheur umzugehen. Wichtig ist erst einmal, Ruhe bewahren und nicht in Panik auszubrechen und schon gar nicht am Fleck herumzureiben.

- **Kaschieren:** Vielleicht kann ein Lockern der Krawatte, den ungewollten Eye-Catcher verdecken oder du hast einen leichten Schal dabei, den du gekonnt und modisch drapieren kannst.
- **Tu so, als hättest du es gar nicht bemerkt:** Im Ignorieren sind wir Männer doch gar nicht so schlecht. Wir ignorieren schon mal rote Ampeln, den warnenden Blick unserer Frauen, warum nicht auch diesen nichtssagenden Fleck?
- **Vertraue auf die Diskretion deines Gegenübers:** Ist dein Gesprächspartner ebenfalls ein Mann von Welt, dann wird er ganz geflissentlich über den Klecks hinwegsehen. Er war bestimmt auch schon mal in einer solchen Situation und dankbar darüber, dass niemand etwas gesagt hat.
- **Flucht nach vorn:** Solltest du bemerken, dass die Blicke deiner Gastgeber oder Gäste immer wieder in Richtung Fleck wandern, dann habe einen flotten Spruch parat. „Ah, Sie haben ihn entdeckt. Das ist mein persönlicher „Fleck von Canterville“. Ich kann machen, was ich will, der taucht immer wieder auf.“ Oder versuche es mit einem „Das ist aber auch der einzige Fleck, auf meiner sonst so reinen Weste!“
- **Der neueste Schrei:** Wenn deine Begleiter keine Unbekannten sind und du sie einzuschätzen weißt, dann könnte ein sofortiges Hinweisen auf den Fleck von vornherein alle Spannungen von dir nehmen. „Wisst ihr eigentlich, wie lange ich auf der Suche nach diesem Hemd war? Die

neueste Kollektion von „Schick mit Fleck“ ist ja überall ausverkauft!“ Ein Schmunzeln wird dir sicher sein.

Du siehst, von einem kleinen Fleck wird die Welt nicht untergehen, geschweige denn wird er einen lukrativen Geschäftsabschluss verhindern.

19 Jedes Jahr aufs Neue – die Urlaubsplanung

Nach dem Urlaub ist vor dem Urlaub und so startete die diesjährige Urlaubsplanung im Hause Klein-Schmitz. Der Küchentisch war übersät von Prospekten und man begab sich auf die Suche nach DEM Urlaub schlechthin.

Während Julia sich schon in einem karibischen Luxus-Resort, mit einem exotischen Cocktail unter Palmen am Pool in der Sonne liegen sah, so war Peter ganz vertieft in der Broschüre über einen Campingurlaub mit dem Wohnmobil und erforschte bereits mit einem Rucksack bepackt Wanderwege und Nationalparks.

Du merkst, worauf ich hinaus möchte?

Noch haben beide ihre Vorstellungen und Wünsche nicht offen ausgesprochen, aber es ist nur noch eine Frage der Zeit, bis die Wahrheit gemeinsam mit den bunten Prospekten auf den Tisch kommt. Und bevor wir Zeuge einer mehr als hitzigen Diskussion werden, verlassen wir diese Szene, denn die meisten von uns kennen das, was kommt, nur zu gut.

Mache es nicht wie ich!

Ich erinnere mich daran, als wäre es gestern gewesen. Ich wollte mal wieder mit dem Kopf durch die Wand. Wanderurlaub, zwei Wochen, und ich war nicht von meinem Vorhaben abzubringen. „Du kannst mitkommen oder hierbleiben, aber ich fahre!"

Ja, ich bin gefahren und meine Frau ist daheim geblieben. Frohen Mutes, meinen Willen in die Tat umzusetzen, bin ich aufgebrochen. Kaum war ich am Ziel meiner Träume angekommen und wollte mich ordnungsgemäß telefonisch melden, dass ich gut angekommen bin, wusste ich „Junge, du hast gerade echt Scheiße gebaut!" Alle meine Telefonate verliefen nämlich ins Leere. Mit einem „Ja, dann zick doch rum!" wollte ich mich selbst noch beruhigen.

Meine erste Wanderung konnte ich dann noch einigermaßen genießen, aber von Tag zu Tag plagte mich mein schlechtes Gewissen mehr und mehr. Das Ende vom Lied? Ich habe nach 5 Tagen abgebrochen, bin zerknirscht wieder heimgefahren und war froh, dass mein Schlüssel noch ins Schloss passte!

LIFEHACK

In guten, wie in schlechten Zeiten – das gilt auch für den Urlaub

Beim Ehegelöbnis hat sicher niemand von uns gedacht, dass das Thema Urlaub hier eine große Rolle spielen könnte, oder? Aber, das Leben hat uns eines Besseren belehrt. Das Zauberwort in einer solchen Situation, in der sich Julia und Peter gerade befinden, heißt: Kompromiss! Einen goldenen Mittelweg finden.

Folgende Möglichkeiten kann ich dir aufzeigen und es liegt an euch zu entscheiden, welche am besten in eure Partnerschaft passt.

1. **Komplett getrennt verreisen:** Jeder macht sein Ding. Auf den ersten Blick genial. Jeder bekommt seinen Willen, jeder kann den Urlaub genießen, den er sich wünscht. Aber ist das Sinn und Zweck der Sache? Ich glaube eher nein. Es sei denn, eure Partnerschaft hat noch andere Probleme als die gemeinsame Urlaubsplanung.
2. **Erst ich, dann eu:** Das könnte eine Alternative darstellen. Ihr geht den Kompromiss ein, dass dieses Jahr ein Wunsch erfüllt wird und nächstes Jahr der andere. Das kann man machen. Risiko ist hier allerdings, dass einer in der gesamten Zeit ein langes Gesicht macht und nur seine Zeit absitzt. Aber auch davon habt ihr beide nicht viel, oder?
3. **Urlaub aufteilen:** Hier kommen wir der Sache und dem Kompromiss ein wenig näher. Anstatt zwei Wochen an einem Ort zu verbringen, könnt ihr die Gesamturlaubszeit aufteilen. Wie wäre es zuerst mit dem Abenteuer-Wander- und Campingurlaub in der Wildnis, um dann eine Woche pure Erholung an einem exotischen Ort dranzuhängen? So könnt ihr euch gemeinsam von den Strapazen wie

Holzhacken erholen und die strapazierten Wanderfüße in die Sonne strecken.

4. **Ziel finden, das beides vereint:** Das ist eigentlich das Nonplusultra und auch nicht die Suche nach der „eierlegenden Wollmilchsau". Es gibt eine Reihe von Anbietern, die beides im Programm haben. Verwöhnender Luxus in einem Resort und Angebote von geführten Gruppen-Exkursionen, die deinen Entdeckergeist befriedigen. So kann sie auf Wunsch einen Tag im Spa verbringen, während du durch Wälder und Berge streifst. Und am Abend habt ihr euch bei einem Glas Wein jede Menge zu erzählen.

20 Trennung – wenn die Tür ins Schloss knallt

„Schatz, stellst du bitte die schmutzige Tasse in die Spülmaschine!"

„Ja, gleich!"

„Schatz, der Wasserhahn tropft seit über eine Woche. Kannst du dich bitte darum kümmern?"

„Ja, gleich!"

„Schatz, drehst du bitte die Zahnpasta zu. Die trocknet sonst aus."

„Ja, gleich!"

„Schatz, ich habe die Nase voll. Ich verlasse dich!"

„Ja, gleich!" ....

Rumms! Und da fällt die Tür ins Schloss! Das war dann wohl ein „Ja, gleich!" zu viel. Seien wir doch mal ehrlich: Wie schnell und wie oft haben wir ein „Ja, gleich!" auf den Lippen, ohne weiter darüber nachzudenken?

Uns käme nie in den Sinn, eine Beziehung wegen einer offenen Zahnpastatube zu beenden, oder? Aber dass es jetzt nicht nur diese eine Verfehlung im Badezimmer war, wird uns meistens erst zu spät bewusst.

Kampf oder Aufgabe?

Andere Alternativen gibt es nicht. Gedanken wie „Ja, dann geh doch, du blöde Kuh!“ und „Sie kommt schon wieder!“ wechseln sich ab mit Selbstvorwürfen, Verzweiflung und auch Trauer.

Spätestens jetzt wäre es an der Zeit, sich bewusst zu machen, was du möchtest. Eine Wiederbelebung der Beziehung bedeutet auf jeden Fall, dass du dich in deiner Verhaltensweise ihr gegenüber ändern musst. Sie hat einmal bewiesen, dass sie gehen kann. Sie wird es wieder tun, wenn sie keine Wertschätzung und Aufmerksamkeit von dir erfährt. Das sollte dir klar sein.

Oder möchtest du versuchen, das Beste aus deinem ungewollten „Wieder-Single-sein“ zu machen. Dich neu entdecken, zu neuen Ufern aufbrechen?

LIFEHACK

Wie du den ersten Schock verdauen und neue Erkenntnisse erlangen kannst

- **Männertherapie:** Lade deine Besties ein. Bier, Pizza, Filme und Männergespräche. Vielleicht kommen dabei ein paar Ratschläge auf den Tisch, die du für dich verwenden kannst. Oftmals sehen Außenstehende klarer als die Betroffenen selbst. Und wenn nichts dabei herumkommt, hattest du wenigstens einen geilen Abend, der dich abgelenkt hat.
- **Rotte dich mit dem Hund zusammen:** Er ist jetzt eine Halbwaise und hat nur noch dich. Ebenso unfreiwillig zurückgelassen wie du. Wenn das nicht verbindet. Schmiedet Pläne. Ihr beide gegen den Rest der Welt. Werdet ein Dream-Team, gebt einander Halt und wachst über euch hinaus. Ein besseres Mensch-Hund-Team hat die Welt noch nie gesehen.
- **Erstelle eine To-do-Liste:** Wo sind deine Defizite? Was musst du nun erlernen oder dir wieder ins Gedächtnis rufen, damit du als Neu-Single nicht verwahrlost? Lerne, die Wäsche zu sortieren und bei der richtigen Temperatur zu waschen, frische deine Kochkünste auf und beschäftige dich im Allgemeinen mit der Haushaltsführung. Und wenn Google und YouTube nicht weiterhelfen können, dann frage Tante Magda. Sie wird dir mit Rat und Tat zur Seite stehen.
- **Neue Hobbys:** Was wolltest du schon immer mal machen? Probiere dich aus! Entdecke neue Leidenschaften. Es ist keiner mehr da, der dir von irgendetwas abraten kann.

> „Scheiß drauf, ich mach das jetzt!“ könnte zu einem neuen Lebensmotto werden.

All diese Aktionen könnten dir helfen, mit dir und deiner neuen Situation klarzukommen, ohne dass ein Rückweg komplett verbaut ist. Es ist dein Leben, mach es für dich lebenswert. Vertraue auf dich und deine Intuition.

21 Die Zeit macht nur vor dem Teufel halt – das Kreuz mit dem älter werden

Es begab sich zu einer Zeit als ein Mann, nennen wir ihn einmal pauschal Klaus, sich mitten im Leben wähnte. Fit, dynamisch und für jeden Spaß zu haben. In seiner unbändigen Lebensfreude verschenkte er keinen Gedanken ans älter werden.

Bis er eines Tages feststellte,

- dass ihm guter Wein wichtiger wurde als auf die hübsche Kellnerin zu achten.
- dass die knackenden Geräusche nicht von seinem Hund kamen, der einen Kauknochen bearbeitete.
- dass er im Bad länger benötigte als seine Frau.
- dass Damen beim Nordic Walking ihn auf seiner Joggingrunde überholten.
- dass er lieber bei einer Tasse Tee, gezupft und nicht geschnitten, auf dem Sofa chillen wollte, als mit seinen Freunden eine feuchtfröhliche Biersession einzulegen.
- dass er sich auf Familienfeiern eher über Rückenschmerzen, als über die schlechte Musik beklagte.
- dass er mehr Zeit für das Sortieren seiner Pillendöschen benötigte als für das Lesen seiner WhatsApp-Nachrichten.

- dass er noch eine Windows 95 Installation-CD im Regal hat.
- dass im Radio bereits die dritte Coverversion eines Songs läuft, zu dem er im Original noch in der Disco abgegangen ist.

Fühlst du dich angesprochen?

So, mein Freund, und jetzt meine Frage: Findest du dich hier wieder? Früher oder später müssen wir der Tatsache nun mal ins Auge sehen und uns von unserer glorreichen Zeit verabschieden. Konnten wir das „Sie“ von Jugendlichen für eine gewisse Spanne noch ignorieren, wenn wir nach der Uhrzeit gefragt wurden, so häufen sich nun die eindeutigen Zeichen, dass es mit uns bergab geht. Da beißt die Maus keinen Faden ab, wir werden alle älter.

Doch wie ist mit dieser Tatsache umzugehen? Einfach nicht wahrhaben wollen und weitermachen wie bisher? Das ist streckenweise sicherlich ein wenig beschwerlich und die Gefahr sich lächerlich zu machen, ist mehr als gegeben. Sich mit Ü-50 in eine Skinny-Jeans zu quetschen, beschert dir garantiert Aufmerksamkeit. Aber bestimmt nicht die, die du erwartet hast.

Sich aber als „altes Eisen“ abstempeln zu lassen? Nee, dafür stehen wir noch zu sehr im Saft.

LIFEHACK

Selbstironie – deine Geheimwaffe

- **Endlich kannst du Anekdoten aus deiner Jugend zum Besten geben:** Als jüngerer Mensch hast du die Augen verdreht, wenn ältere Zeitgenossen ihre Erzählungen mit einem „als ich in deinem Alter war“ begonnen haben. Hey, jetzt ist deine Zeit gekommen! Nun bist du endlich an der Reihe, die Jugend mit deiner Vergangenheit zu nerven!
- **Das Alter als Entschuldigung nutzen:** Dir ist bei einer Zusammenkunft langweilig? Dann geh nach Hause. Die Zeiten, dass du der Letzte auf einer Party warst, sind vorbei. Mist, du hast deine Pillen daheim vergessen. Perfekte Ausrede, um frühzeitig das Weite zu suchen!
- **Humorvoller Perspektivwechsel:** Konter auf Fragen wie „Was, du willst schon gehen?“ doch einfach mit einem „22 Uhr ist meine neue Mitternacht!“
- **Und nicht zu vergessen:** Du kannst immer noch Blödsinn machen! Nur eben langsamer!

22 Die verschwundene Butter – ist die schon wieder im Kino?

„Wo ist die Butter, Schatz?“

„Na, da, wo sie hingehört! Im Kühlschrank!“

„Nein, da ist sie nicht!“

„Wo soll sie denn sonst sein?“

„Die ist wirklich nicht da. Glaub mir!“

„Ja, im Kino ist sie bestimmt auch nicht!“

Deine Frau kommt, greift in den Kühlschrank, ohne wirklich genau hinzuschauen, und reicht sie dir: die gesuchte Butter.

Wir Männer kennen das, oder? Und wir schauen jedes Mal aufs Neue recht sparsam aus der Wäsche. Wie machen Frauen das immer nur? Und es ist nicht nur die Butter, die ihnen wie magisch in die Hände fliegt. Es sind unsere Socken, eine Zeitung oder auch das frisch gebügelte Hemd, dass sich unseren Augen entzieht.

Sollen wir mal versuchen, diese „magische Kraft“ zu entzaubern?

Biologie, Training und Wahrnehmung

Man(n) kann es jetzt glauben oder nicht, aber es kann tatsächlich an unseren biologischen Unterschieden liegen, dass wir Sachen, die direkt vor unserer Nase sind, einfach nicht sehen. Wenn man durchgeführten und hochwissenschaftlichen Studien Glauben schenken darf, dann gibt es rein biologische Unterschiede in der Wahrnehmung von Männern und Frauen. Und hier ist uns das weibliche Geschlecht definitiv überlegen. Frauen können schlichtweg Details schneller erfassen als wir Männer.

Aufgrund der selektiven Wahrnehmung, vor allem wenn es ums „Eingemachte“ oder „Kleingedruckte“ geht, haben wir einfach das Nachsehen. Gold geht hier eindeutig an die holde Weiblichkeit. Wir bekommen nur die Silbermedaille.

Gegen ihre Wahrnehmung, gepaart mit dem täglichen Training auf Details zu achten und gut organisiert zu sein, können wir nicht anstinken. Während wir uns immer nur auf kleine Ausschnitte konzentrieren, die uns persönlich wichtig sind, haben sie immer das große Spektrum fest im Blick. Wir können also eigentlich machen, was wir wollen, wir werden immer den Kürzeren ziehen.

LIFEHACK

Der Umgang mit „unsichtbaren" Gegenständen

Wie wir nun gerade festgestellt haben, sind und bleiben wir der Loser, wenn es um die selektive Wahrnehmung geht.

Wir können jetzt weiter steif und fest behaupten, die Sachen sind nicht da, wo sie sein sollten und darauf beharren, dass wir im Recht sind, um dann sofort eines Besseren belehrt zu werden und doof aus der Wäsche zu schauen. Oder aber wir gestehen uns von vornherein unsere Schwäche ein und versuchen, humorvoll mit diesem Manko umzugehen.

- **Persönliche Schatzsucherin:** „Schatz, möchtest du die Hauptrolle im neuen „Indiana Jones und die Suche nach dem verschollenen Handy" spielen? Du bist und bleibst die beste Wahl dafür!"
- **Verstecken spielen:** „Die Autoschlüssel spielen wieder verstecken mit mir. Möchtest du mitspielen, damit wir gewinnen?"
- **Teamarbeit:** „Schatz, wir sind doch so ein eingespieltes Team! Ich suche und du findest! Darin sind wir doch unschlagbar!"

Je dümmer und humorvoller der Spruch, desto liebevoller wird ihr Grinsen sein und gerne unterbricht sie dafür ihre aktuelle Tätigkeit. Probiere es aus und nimm dich selbst auf die Schippe!

23 Nachbarschaftshilfe – Blumenpflege, leichter gesagt als getan

Es klingelt an der Tür. Ein schneller Blick durch den Spion und du erspähst deine attraktive Nachbarin. Schnell noch einmal durch die Haare fahren, den Sitz des Shirts überprüfen und lächelnd öffnest du die Tür.

„Ich habe eine Bitte. Ich muss kurzfristig für ein paar Tage verreisen und wollte fragen, ob du dich in der Zeit um meine Pflanzen kümmern könntest. Du würdest mir sehr helfen."

Pflanzen? Du? Wo doch dein Daumen in keiner Weise grün ist. Du selbst bist auf künstliche Exemplare umgestiegen, weil deine heimische Begrünung immer recht „knusprig" gewachsen ist.

Aber was tut man nicht alles für seine Nachbarin? „Natürlich! Kein Problem! Mache ich doch gerne!"

Und noch bevor du nach Pflegeanweisungen fragen kannst, hast du schon den Haustürschlüssel in der Hand und sie entschwindet mit den Worten „Ab morgen reicht! Danke dir!" winkend die Treppe hinunter.

Die schlaflose Nacht vor der Premiere

Die Nacht vor Deiner ersten Blumenexpedition ist der blanke Horror. Träume von nach Wasser lechzenden Pflanzen, die dir verzweifelt ihre braunen Blätter entgegenrecken, wechseln sich ab mit Visionen von ertrinkenden und gurgelnden Artgenossen, die blätterringend versuchen, nicht in deinem fabrizierten Sumpf unterzugehen.

LIFEHACK

Der Morgen der Blumenbewässerung – jetzt ist guter Rat teuer

Du hast diese Aufgabe übernommen und du weißt, dass das Leben der dir anvertrauten Grünpflanzen an einem seidenen Faden hängt. Aber wir wären keine Männer, wenn uns nicht etwas einfallen würde.

- **Lesen bildet:** Verschaffe dir einen Überblick über die Pflanzen. Jetzt kramst du deinen alten Mitgliedsausweis der Stadtbibliothek raus und machst dich auf die Socken. Vergiss die Sackkarre nicht, für die Botanik-Bücher, die du heimschleppen musst.
- **Wie gut, dass es Onlineshops gibt:** Bestelle mit einer 24-Stundenlieferung ein Bewässerungssystem. Installiere es fachgerecht und du bist alle Sorgen los. Vergiss aber nicht, es wieder abzubauen, bevor deine Nachbarin heimkommt.
- **Lass dir helfen:** Ruf eine nahegelegene Gärtnerei an und frage nach einem „Indoor-Gärtner“, der die Pflege für dich übernehmen kann. Oder noch einfacher, frag Tante Magda.
- **Mache Fotos:** Fotografiere alle Pflanzen, während sie noch in „Saft und Kraft“ stehen. Sollte nun eine durch deine unzureichende Pflege den Weg auf den Kompost finden, so kannst du mit dem Foto eine identische besorgen, um deine Unzulänglichkeit zu vertuschen.

Du siehst, du hast alle Möglichkeiten, diese Aufgabe mit Bravour zu meistern, ohne dein Gesicht zu verlieren. Und wer weiß, vielleicht wächst dir ja doch noch ein grüner Daumen.

24 Kastration – dein Rüde, deine Eier!

„Schatz, ich denke, es ist Zeit, über die Kastration von Hannibal zu sprechen."

„Ach, wirklich? Hat er sich über seine Glocken beschwert, oder was?"

„Quatsch, aber ich denke, es könnte eine gute Idee sein, ihn von dieser Last zu befreien."

„Hast du mal darüber nachgedacht, wie er sich dabei fühlt? Du weißt schon, sein ‚Männlichkeitsgefühl' und so? Irgendwann kommst du noch auf die Idee, mich kastrieren zu lassen!"

„Ach, bitte, bleib sachlich!"

„Und was ist mit all den anderen Hunden? Du wirst ja nicht von den anderen Rüden aufgezogen oder ausgelacht. Und außerdem ist so eine Operation auch mit Kosten verbunden!"

„Ja, ist sie. Aber es ist wahrscheinlich immer noch günstiger, als verklagt zu werden, wenn er bei einem amourösen Abenteuer eine hochdekorierte Rassehündin schwängert!"

„Muss das denn wirklich sein?"

„Ja, es muss! Ich mache einen Termin in der Klinik aus!"

Na, wer nimmt in diesem Dialog die Rolle der Frau ein und wer unsere? Blöde Frage, oder? Ja, wenn es um die Kastration unserer Rüden geht, dann fühlen wir uns Männer immer sofort persönlich betroffen und verspüren einen seelischen und auch oftmals körperlichen Schmerz über den Verlust der Kronjuwelen. Wo Frauen pragmatisch handeln, sind wir mehr als emotional involviert. Aber warum ist das so?

Ein Eingriff in die Natur oder persönliche Belange?

Wenn es um die Kastration geht, dann denken wir Männer nicht wirklich logisch und schließen von uns auf den „armen Kerl“. Die Argumente, die eine Kastration verteufeln, sind so vielfältig, wie es Hunderassen auf dieser Welt gibt.

- **Angst vor Verhaltensänderungen:** Was, wenn aus dem properen Kerl, der im Park der Boss ist, ein Schoßhündchen wird, der sich von anderen Rüden unterbuttern lässt?
- **Eingriff in die Natur:** Vermehrung der Art liegt in der Natur aller Lebewesen. Wer gibt mir das Recht, über die Nachkommenschaft zu entscheiden?
- **Gesundheitliche Risiken:** Mögliche Komplikationen während oder nach der OP werden oft als Gründe genannt. Was, wenn der Hund aus der Narkose einer nicht lebensnotwendigen OP nicht mehr aufwacht. Wer möchte sich diese Vorwürfe machen?

- **Drohende Inkontinenz:** Nicht selten hört man, dass es um die Stubenreinheit kastrierter Rüden nicht mehr gut bestellt ist und Pfützen in der Wohnung dann zur Tagesordnung gehören.
- **Traditionelle Vorstellung von Männlichkeit:** DAS ist wohl der größte Aspekt, wenn es um die „Entmannung" geht. Der Verlust der Männlichkeit wird als unsere persönliche Entwertung gesehen. Ganz nach dem Motto: Seine Eier sind auch meine Eier!

LIFEHACK

Da müsst ihr durch – du mehr als dein Hund

Wichtig ist in erster Linie, dass du dir klarmachen musst, dass es für alle Beteiligten die beste Entscheidung ist. Überlege, wie du dich fühlen würdest, wenn du jede läufige Hündin besteigen möchtest, es aber nicht darfst! Diesen Stress solltest du dir vorstellen und nicht den vorübergehenden Schmerz der abgezwickten „Bällekes".

Und sollte man dich im Park dennoch versuchen hochzunehmen, weil Hannibal jetzt nur noch ein Hanni ohne Ball ist, dann kontere gekonnt:

- Ja, er hat jetzt den „Ehrenkranz der Eierlosen" bekommen. Wir planen eine Party und ihr seid herzlichst eingeladen!
- Charakter und Persönlichkeit sind bei Hunden im Gegensatz zu uns nicht von vorhandenen Eiern abhängig.
- Jetzt hat er wieder Normalgewicht! Er konnte wählen: Diät oder Schnipp-Schnapp. Er hat sich für das kleinere Übel entschieden.

Wind aus den Segeln genommen und die Würde von Hanni ohne Ball bravourös verteidigt. Perfekt!

25 Splatter-Movie oder Wunder? – Die Geburt

Die kleine Tasche ist gepackt und steht seit ein paar Tagen so griffbereit, dass du jedes Mal darüber stolperst. Du bist durchgehend im Stand-by-Modus. An „Akku im Tiefschlaf“ ist schon lange nicht mehr zu denken. Jede Minute kann es losgehen. Ja, ihr erwartet euer erstes Kind.

Über Monate hast du dich auf das Wunder der Geburt vorbereitet. Natürlich willst du im Kreißsaal mit dabei sein. Deine Atemtechnik ist perfekt, du hechelst mittlerweile besser als deine Frau. Ob klassisch im Entbindungsbett, Wassergeburt, Kaiserschnitt, Geburt im Stehen oder mit Gebärhocker. Dir kann keiner mehr was vormachen, du kennst dich aus und eigentlich könntest du eine Zweitkarriere als Hebamme in Betracht ziehen.

Die Strecke zum Krankenhaus bist du gefühlte 100-mal abgefahren, hast alternative Routen ausprobiert und die Ampelphasen sind dir dabei in Fleisch und Blut übergegangen. Auch an deiner persönlichen Schmerzgrenze hast du gearbeitet. Denn du willst ja schließlich ihre Hand halten und auch dann keine Miene verziehen, wenn sie dir dabei jeden Finger einzeln bricht. Kurz gesagt: Du bist bestens vorbereitet!

„Schatz, meine Fruchtblase ist geplatzt! Es geht los!“

Schnell wirfst du ihr einen Mantel über, greifst nach der Tasche und den Autoschlüsseln. Dass du selbst noch im Pyjama bist, ist egal. Du schmeißt den Motor an und legst einen Start hin, dass jeder Formel-1-Fahrer am Nürburgring vor Neid erblassen würde.

Im Krankenhaus angekommen, geht es erst richtig los. Schnell wirst du eingekleidet und zu deiner Holden in den Kreißsaal bugsiert. Du eilst zu ihr, sie schreit vor Schmerz und du reichst ihr deine helfende Hand. Schnell fühlt sich diese an wie in einem Schraubstock und du hörst den ersten Finger leise knacken.

Dir wird nicht nur blümerant, du merkst, wie langsam, aber sicher deine Sinne schwinden und die Knie nachgeben. Du musst hier raus! Doch, leichter gesagt als getan. Wie kommst du galant wieder auf vertrauten Boden, ohne dein Gesicht zu verlieren?

LIFEHACK

Humor im Kreißsaal – für Mutter und Personal

Sicherlich wärst du nicht der erste Mann, der im Kreißsaal geschmeidig zu Boden gleitet. Aber das muss ja nun nicht wirklich sein, oder? Alle Beteiligten haben schon genug damit zu tun, dein Kind auf die Welt zu bringen. Also, Rückzug, mit einem flockigen Spruch auf den Lippen.

- „Es kribbelt mir am ganzen Körper. Ich glaube, meine Allergie gegen diese sterilen Klamotten bricht wieder durch. Ich hechle lieber draußen weiter!“
- „Mist, ich habe mein Handy vergessen. Wir wollten doch eine Live-Übertragung zu Tante Magda machen. Ich fahr schnell heim, um es zu holen!“
- „Mein Blutzuckerspiegel sinkt gerade rapide und hier ist ja „Food-freie Zone“. Wenn du mich suchst, ich bin unten in der Cafeteria.“
- „Schatz, der Wagen steht im absoluten Halteverbot! Ich muss den schnell umparken.“

Auch wenn deiner Frau gerade nicht zum Lachen zumute ist, sie kennt dich und wird deine Hand loslassen, bevor der zweite Finger bricht.

26 Wie, die Bordverpflegung ist nicht inbegriffen?

Habe ich dir schon die Geschichte erzählt, die mir noch heute die Schamesröte ins Gesicht treibt? Mir bricht immer noch der Schweiß aus, wenn ich nur daran denke. Und dass ich dir das jetzt erzähle, soll schon was heißen. Aber ich möchte ja, dass du diesen Fehler nie begehst oder, wenn du doch in diese Falle tapst, nicht rumstotterst wie ich damals.

Es war der erste Inlandsflug, den ich für die neue Firma zu bestreiten hatte. Nur mit meinem Handgepäck bewaffnet, da ich ja am Abend wieder meinen Rückflug antreten wollte, ließ ich mich in meinen Fensterplatz fallen. Wie immer war ich am Morgen in Eile und das Frühstück musste ausfallen.

Umso erfreuter war ich, als kurz nach dem Start die Bordverpflegung begann. Ein Kaffee und ein Sandwich waren genau das, was mir jetzt fehlte. Also gab ich meine Bestellung bei der äußerst charmanten Flugbegleiterin auf. Ich staunte nicht schlecht und wären die Luken nicht geschlossen gewesen, wäre ich aus allen Wolken gefallen, als sie mir die entsprechende Bewirtungsrechnung mit den Worten „Zahlen Sie bar oder mit Karte?“ überreichte.

„Ähm, wie jetzt? Rechnung?“

Es folgte eine Lehrstunde über Unterschiede zwischen Long- and Short-Distance-Flüge und wie sich das eben aufgrund der Flugdauer mit der Bewirtung verhält. Und da die nette Flugbegleitung über ein kräftiges Organ verfügte, wurden benachbarte Passagiere auf meine persönliche Lehrstunde aufmerksam. Ich merkte, wie sich die Blicke der anderen Fluggäste durch meinen Sitz bohrten, um sich den unwissenden Mega-Deppen mal genauer anzuschauen.

Verlegen nestelte ich nach meiner Geldbörse, um das für mich teuerste Frühstück meines Lebens zu bezahlen. Mein Hirn ratterte, aber mir fiel kein Spruch ein, der die Situation hätte vielleicht ein wenig angenehmer gestalten können.

LIFEHACK

Für deine eigenen Notizen

Schreib dir also Folgendes hinter die Ohren und zur Sicherheit auch in dein Lebenshandbuch.

In der Regel werden erst ab einer Flugdauer von mehr als 2 Stunden und 20 Minuten kostenlose Snacks und Getränke zur Verfügung gestellt, was allerdings auch von Airline zu Airline variieren kann.

Damit du dein Deo keinem ungewollten Frischetest unterziehen musst, erkundige dich am besten im Vorfeld über die Bewirtungsmodalitäten deines Fluges.

Das Kind ist bereits in den Brunnen gefallen

Nun heißt es, locker und flockig aus dieser peinlichen Situation wieder herauszukommen. Wichtig ist hierbei ein Lächeln. Und bitte kein debiles! Tu so, als ob du genau weißt, was du tust! Und zu dieser Kernkompetenz haust du dann noch ’nen coolen Spruch raus.

- **Gib dich als Airline-Tester aus:** Hol ein Notizbuch raus, kritzele was hinein und sage einfach, dass du mit der Reaktion und der Ausführung der Richtlinien durch die Bordcrew sehr zufrieden bist. Vielleicht wird dir ja daraufhin die Rechnung erlassen.
- **Alternative zur Zahlung anbieten:** Mache den Vorschlag, die Rechnung mit einem Lied über das Bordmikrofon zu begleichen. Vielleicht wirst du kostenlos bewirtet, um bei den anderen Passagieren eine Panik zu vermeiden.

- **Geldbörse vergessen:** Suche nach deinem Portemonnaie und finde es nicht. Biete alternative Zahlungsmöglichkeiten an, wie deine Uhr, deinen Ehering oder vielleicht deine Krawatte. Die Chancen, dass dir deine Rechnung erlassen wird, könnten nicht schlecht stehen.

Egal für welche Option du dich entscheidest, es wird auf jeden Fall für beide Seiten eine unvergessliche Konversation und du hast obendrein deine Lektion gelernt.

27 Wenn der Finger schneller auf Absenden klickt als gewollt

Wer kennt das nicht? Du verfasst eine wichtige E-Mail. Du liest sie einmal, du liest sie zweimal. Alles scheint perfekt zu sein und just in dem Moment, wo dir doch noch ein Fehler ins Auge springt, hat dein Zeigefinger schon auf Absenden geklickt.

Während du noch hektisch nach der Funktion „E-Mail zurückrufen“ suchst, bekommst du auch schon die Rückmeldung „gelesen“. Jetzt stehst du da in deinem kurzen Hemd. Wie bekomme ich das jetzt wieder geradegebogen und stehe nicht als „Heiopei der Nation“ da?

Nichts wird so heiß gegessen, wie es gekocht wird

Nachdem du nun „dicke Backen“ gemacht hast, atmest du einmal tief ein und einmal tief aus. Ändern kannst du es nun ohnehin nicht mehr. Geschickt ist geschickt und gelesen ist gelesen. Du kannst jetzt zu Kreuze kriechen, dich untertänigst entschuldigen oder du nimmst das Ganze mit Humor.

Das kann doch jedem passieren. Du bist nicht der Erste und auch nicht der Letzte, dem im hektischen Alltag solch ein Missgeschick passiert. Also, Kopf hoch, wird schon nicht so schlimm werden.

LIFEHACK

Blöde Sprüche, um die Brisanz herauszunehmen

- **Falls die Rückruf-Funktion funktioniert:** Manchmal hat man ja auch Glück im Leben. Rufe die E-Mail kommentarlos zurück oder, wenn du dir nicht sicher bist, ob diese schon den Empfänger erreicht hat, ergänze den Rückruf mit einem humorvollen: „Bitte ignorieren Sie diese E-Mail, bevor sie noch mehr Schaden anrichtet als mein letzter Einparkversuch."
- **Selbstironie:** Schicke eine E-Mail hinterher und mache einen Witz über deinen Fauxpas. „Sie wurden gerade Zeuge eines unfreiwilligen Comedy-Moments. Bitte ignorieren Sie die E-Mail und machen Sie diese nicht zur allgemeinen Belustigung öffentlich. Ich arbeite noch an der Endfassung mit der richtigen Pointe!"
- **Kreative Entschuldigung:** „Da ist mir doch glatt mein Hamster über die Tastatur gelaufen und hat es sich mit seinem dicken Hintern auf der ‚Return-Taste' bequem gemacht." Oder: „Mein rechter Zeigefinger entwickelt seit geraumer Zeit ein Eigenleben. Er ist bereits damit in Therapie."
- **Fehlerhinweis durch Empfänger:** Sollte der Empfänger dich auf deinen Fehler hinweisen, kannst du darauf humorvoll, aber höflich reagieren. Bedanke dich mit einem: „Danke, für Ihren Adlerblick. Manchmal braucht es einen scharfen Beobachter, der einem den rechten Weg weist. Eine Korrektur folgt umgehend. Vielen Dank!"

Lass dir einfach was einfallen, du bist doch ein spontaner und kreativer Zeitgenosse.

28 Die Bierreserven auffüllen – und das in der 4. Etage

Das Telefon schrillt.

„Hey, Paul! Ich bin's, Karl!"

„Hey, grüß dich!"

„Du, warum ich anrufe: Deine Frau ist doch nächstes Wochenende auf Weiberfahrt und du hast doch noch das Abo für den Sportkanal, oder?"

„Bingo. Du bist gut informiert." Du musst grinsen, denn du weißt, was jetzt kommt.

„Klasse, dann sage ich den anderen Bescheid, dass wir uns Samstag bei dir zum Spiel treffen. Sollen wir was mitbringen?"

„Ihr sorgt fürs Essen, ich kümmere mich um die Getränke!"

„Deal! Bis Samstag dann!"

Kurz und knackig. So laufen Männertelefonate ab! Der Samstag ist gerettet. Aber Moment? Reicht das Bier? Du sprintest in den Keller! Oh, das wird nicht reichen. Da muss neues her. Aber mit einem Kasten ist es nicht getan. Zur Sicherheit sollten es schon zwei oder drei sein. Du weißt ja auch gar nicht, wen Karl alles eingeplant hat. Und als guter Gastgeber willst du auf Nummer sicher gehen. Dann vielleicht doch lieber vier Kästen. Wird ja nicht schlecht und die nächste Feier kommt bestimmt.

Doch Eines ist dir im Eifer des Gefechts entfallen: Du wohnst in der 4. Etage. Ohne Aufzug, wohlgemerkt.

LIFEHACK

Optionen zur Auffüllung der Bierreserven für den Samstagabend

1. **Bierkästen wie immer im Keller unterbringen und die Flaschen einzeln nach oben holen, wenn Bedarf ist.**

   Vorteil: Treppensteigen ist gesund, stärkt Kreislauf und Muskeln.

   Nachteil: Du bist mehr unterwegs, als dass du das Spiel schauen kannst.

2. **Die Freunde immer selbst in den Keller schicken, wenn sie Durst bekommen.**

   Vorteil: Du kannst das Spiel genießen.

   Nachteil: Sie werden dir 'nen Vogel zeigen und fragen, ob deine Schaukel als Kind zu nah an einer Wand gestanden hat.

3. **Die Kästen selbst, einen nach dem anderen, nach oben schleppen. Du erinnerst dich allerdings schnell daran, in welchen komatösen Zustand du beim Transport der letzten Wasserkiste fast gefallen wärst.**

   Vorteil: entfällt

   Nachteil: Du weißt nicht, ob deine Nachbarn einer Mund-zu-Mund-Beatmung mächtig sind.

4. **Du kannst einen Lieferdienst beauftragen, der dir alles nach oben schleppt.**

   Vorteile: Liegen auf der Hand und brauchen nicht explizit erwähnt zu werden.

   Nachteil: Dir entgeht das Sonderangebot deines Bierdealers von nebenan.

Und jetzt meine Frage: Für welchen Lieferdienst wirst du dich entscheiden?

29 Gespoilert wider Willen – so schnell macht man sich Feinde

Endlich ist sie da, die finale Staffel deiner Lieblingsserie. Streambar im Pay-TV. Und du kannst das Wochenende kaum erwarten, um alle Folgen nonstop durchzusuchten. Das Smartphone wird auf lautlos gestellt und die Türklingel gekappt. Snacks und Kaltgetränke stehen bereit. Es kann losgehen, du startest deinen Serien-Marathon.

Übernächtigt und mit viereckigen Augen erscheinst du am kommenden Montag im Büro.

„Wie siehst du denn aus? War ein hartes Wochenende, was?“

„Wie man's nimmt. Ich habe mir die letzte Staffel unserer Serie gezogen.“

„Ach, du hast sie schon gesehen? Und ist sie gut? Lohnt es sich, dafür zu bezahlen oder soll ich warten, bis sie on demand ist?“

Und anstatt mit einem einfachen „Ja, sie ist super!“ zu antworten, sprudelt es aus dir heraus. Und zwar alles! Dein Redeschwall verebbt erst, als dir die mordlüsternen Blicke deiner Kollegen den Schreck in die Glieder fahren lassen. Du hast es getan! Du hast es echt getan! Du hast gespoilert!

Ein Spoiler-Skandal der Extraklasse – ein Blick in die TV-Geschichte

Die wenigsten von uns haben ihn live miterlebt oder waren noch nicht alt genug, um die Ausmaße dieses Skandals wahrzunehmen. Lass uns kurz einen Abstecher zu dem Skandal schlechthin zu machen.

1962 war die deutsche Fernsehnation im Ausnahmezustand. Der sechsteilige Fernsehkrimi „Der Halstuchmörder“ war der ultimative Straßenfeger. Straßen und Kinos blieben leer, Arbeitgeber gaben ihren Mitarbeitern frei, um diesem TV-Spektakel beiwohnen zu können. Ganz Deutschland fieberte der Auflösung im letzten Teil entgegen.

Ich mache es mal kurz: Einen Tag vor Ausstrahlung der Auflösung, wer denn nun der Halstuchmörder ist, druckte eine große Boulevard-Zeitung den Namen des Mörders und auch den Namen des Schauspielers, der gepetzt hatte! Die Masse der TV-Junkies war so aufgebracht, dass sie sogar Morddrohungen gegenüber dem Verräter aussprach.

Behalte dies zukünftig im Hinterkopf, wenn du nicht in die gleiche Situation geraten möchtest.

LIFEHACK

Bevor sich die Schlinge weiter zuzieht – winde dich heraus

Du hast gesehen, wohin ein Spoiler führen kann. Ob gewollt oder ungewollt, hast du Vorfreude und Spannung mit einer unbedachten Aussage zunichtegemacht. Höchste Zeit zu versuchen, den Kopf aus der Schlinge zu ziehen.

- **Verwechslungstaktik:** „Nee, wartet mal kurz, ich habe da jetzt gerade was verwechselt. Das war ja gar nicht das Ende unserer Serie. Ich hatte ja noch eine andere geschaut. Da habe ich jetzt wohl was durcheinander geschmissen." Aber soll ich dir was sagen? DAS wird dir wahrscheinlich keiner glauben. Sorry!
- **Verschwörungstheorietaktik:** „Ich sage nur „Dallas". Erinnert ihr euch noch, dass Bobby Ewing gar nicht tot war und nach 31 Folgen quicklebendig wieder unter der Dusche auftauchte? Wer sagt uns, dass es wirklich das Ende war und es nicht doch noch eine Wendung gibt?" Ja, das könnte funktionieren und deine Zuhörer zum Nachdenken anregen.
- **Flucht-nach-vorn-Taktik:** „Da war mein Mund wieder schneller als mein Gehirn. Sorry. Ich bin somit der beste Beweis dafür, dass man mir besser keine wirklich wichtigen Geheimnisse anvertrauen sollte!" Ehrlich währt am längsten und wenn sie dich gut kennen, werden dir deine Zuhörer sicherlich wissend und grinsend auf die Schulter klopfen.

- **Vorwurfstaktik:** „Jetzt mal ganz ehrlich, wenn es deine Lieblingsserie ist, dann frage ich mich, warum du sie nicht längst schon geschaut hast?" Spiele dabei aber nicht die beleidigte Leberwurst und schiebe den schwarzen Peter lächelnd weiter.

Egal für welche Reaktion du dich entscheidest, Humor gepaart mit Einsicht ist immer eine gute Kombination, um vom Schafott deiner Freunde zu springen.

30

Blauer Dunst ade oder ich bin allergisch gegen Kaugummi

Hatte ich schon von Tim erzählt? Nein? Dann jetzt. Tim ist seines Zeichens starker Raucher. Nicht nur einmal ist er gescheitert, von diesem Laster loszukommen. Doch nun sollte es endlich so weit sein. Fest entschlossen und voller Enthusiasmus füllte er seinen Vorrat an Kaugummis, Dauerlutschern und weiterem Knabberkram auf, um für alle Fälle gerüstet zu sein.

Noch eine letzte Zigarette! Ja, die wollte er sich noch gönnen und ja, sie sollte auch was ganz Besonderes sein. Er legte seinen Lieblingssong auf, goss sich ein Glas seines besten Whiskys ein und setzte sich in seinen Lieblingssessel. Als sich diese Zeremonie dem Ende neigte, nahm er die verbleibenden Kippen, ging langsam in die Küche und zerbröselte jede einzeln in den Mülleimer. Auch wenn er ziemlich stolz auf sich war, so konnte er sich eine Krokodilsträne nicht verkneifen! So, ab jetzt beginnt ein rauchfreies Leben! Ja, ich pack das!

Die ersten Stunden vergingen wie im Flug, ohne dass er auch nur einen Gedanken an einen Glimmstängel verschwendete.

Doch was sich am Morgen danach anbahnte, kannst du dir vielleicht jetzt denken. Der erste Kaffee ohne Kippe! Tim wurde schon hibbelig, konnte sich aber noch beherrschen. Zack! Kaugummi reingeschoben. Jetzt schmeckte zwar der Kaffee nicht mehr, aber diese Zigarette hatte er schon mal nicht geraucht.

Im Büro dann:

„Kommst du mit zur Raucherpause?“

„Nein, ich habe aufgehört!“ Wie gut hörte sich doch dieser Satz an und wie gut taten die bewundernden Blicke der Kollegen. Aber wie es in ihm aussah, ahnte niemand.

Mehr schlecht als recht brachte er seinen Arbeitstag über die Bühne. Der Kaugummivorrat war aufgebraucht, die Entzugserscheinungen wurden immer größer und er fühlte sich sozial isoliert. Wo er gestern noch Smalltalk haltend mit Freunden und Kollegen Neuigkeiten ausgetauscht hatte, blieb er heute außen vor.

Der Feierabendverkehr war dann die Cocktailkirsche auf dem Sahnehäubchen seines Tages. Nee, Schnauze voll! Ran an die Tanke und Kippen geholt. Ein tiefer Zug und schon sah die Welt wieder ganz anders aus.

LIFEHACK

Mal wieder gescheitert – wie du deine großspurigen Sprüche vom Vortag entkräften kannst

Fühlst du mit Tim? Kann ich verstehen und ich spreche aus Erfahrung.

Als Erstes sollten wir uns klarmachen, dass die Welt nicht untergeht, weil wir ein weiteres Mal gescheitert sind. Der Wille ist da, der Körper allerdings noch nicht bereit, um es mit den Herausforderungen aufzunehmen. Also, lass den Kopf nicht hängen. Beim nächsten Mal wird es bestimmt klappen.

Hier nun ein paar Erklärungen, die dich selbst weiterhin in den Spiegel schauen lassen und mit denen du dich vor den anderen rechtfertigen kannst:

- „Mein Arzt hat mir empfohlen, mit dem Rauchen aufzuhören. Er hat allerdings nicht gesagt, ab wann und das war jetzt erst einmal mein persönlicher Probelauf."
- „Militante Nichtraucher sind unerträglich. Möchtest du, dass ich einer werde? Siehste? ich auch nicht!"
- „Da ist doch tatsächlich innerhalb eines Tages eine Kaugummi-Allergie aufgetreten. Und bevor die noch schlimmer wird, muss ich das mit meinem Allergologen abklären. Die Symptome konnte ich fürs Erste mit einer Zigarette in Schach halten."

Wir wären keine Männer, wenn wir nicht um jede Ausrede verlegen wären, oder?

31 Wer braucht schon eine Einkaufsliste?

„Schatz, ich stecke gerade mit beiden Händen in der Wäsche. Würdest du dich heute um den Einkauf kümmern? Der Einkaufszettel liegt auf dem Küchentisch."

„Klar, Schatz. Kein Problem."

Du greifst die Einkaufstaschen, den Autoschlüssel und die Geldbörse und machst dich auf den Weg. Tja, was hast du vergessen? Richtig, die Liste.

Aber in Improvisation macht dir keiner so leicht was vor. Was wird schon fehlen? Ist doch ein ganz normaler Wocheneinkauf. Milch, Eier, Brot, ein bisschen Obst und Gemüse und für Sonntag ein schönes Bratenstück. Na, das ist doch kein Problem. Einkaufswagen geschnappt und los geht's.

Dein erster Weg führt dich in die Autozubehörabteilung. Mal schauen, was es da so Neues gibt. Oh, Frostschutzmittel für den nächsten Winter ist im Angebot. Ach, da nehme ich direkt mal zwei Kanister. Ah, und neue Scheibenwischer könnte ich auch gebrauchen. Ab in den Wagen damit.

Was sollte ich noch mal holen? Brot? Eier? Wein? Ja, genau, das war es. Weiter durch die Gänge. Haben wir eigentlich noch Schokolade und Chips im Vorrat? Weiß ich jetzt nicht, aber schaden kann es nicht, wird ja nicht schlecht. Was fehlt noch? Ach ja, die Milch.

Soll ich weitermachen? Nee, ne? Du weißt, wie es endet. Der Wagen ist voll, aber das, was du eigentlich hättest besorgen sollen, hast du vergessen. Du weißt es allerdings (noch) nicht, bis du zu Hause ankommst.

Das dicke Ende folgt auf dem Fuß

Keiner Schuld bewusst und im festen Glauben, alles besorgt zu haben, was in der heimischen Küche fehlt, schleppst du deine Beute rein und erwartest Lob und Dank für deine aufopfernde Mühe.

Und was bekommst du beim Auspacken? Böse Blicke, Vorwürfe und eine Gardinenpredigt. Nun, ganz so Unrecht hat deine bessere Hälfte nicht, oder? Sie hat sich auf dich verlassen und du hast es schlichtweg einfach versaut.

LIFEHACK

Zeit, sie zu besänftigen

Deine Blicke schweifen zwischen dem Einkaufszettel und dem aktuellen Einkauf hin und her. Hui! Hier ist so einiges schiefgelaufen. Du kannst jetzt einen auf begossenen Pudel machen oder gekonnt kontern. Probiere es mal damit:

- **Die Aufbrauch-Challenge**: „Schatz, hast du schon diese Aufbrauch-Challenge im Netz mitbekommen? Da geht es darum, alles, was an Vorräten im Haus ist, erst einmal aufzubrauchen, bevor man frisch einkauft. Ich dachte, da könnten wir mal mitmachen. Wir liegen damit voll im Trend! Lass uns heute eine kreative Kochsession starten. Den passenden Wein dazu habe ich doch mitgebracht!“
- **Die Spring-Ware:** „Ja, ich weiß, dass ich viel Unnötiges eingekauft habe. Aber was hätte ich machen sollen? Bevor ich mich versah, haben die Klamotten „Papa“ zu mir gesagt und sind in den Wagen gesprungen. Ich habe es nicht übers Herz gebracht, sie zurückzulegen.“
- **Meine Art, dir meine Liebe zu beweisen:** „Schatz, ich wollte auf jeden Fall vermeiden, dass du das ganze Wochenende wieder in der Küche stehst. Und da ich weiß, dass du eine hervorragende Köchin bist und aus allem etwas Essbares zaubern kannst, habe ich nur Schund gekauft. Somit hast du keine Ausrede, wenn ich dich heute Abend zum Essen ausführen möchte!“

Na, wenn du mit dem dritten Argument nicht den Ehefrieden retten kannst, dann weiß ich auch nicht.

32 Die Nachbarin vor dem Erotik-Shop – muss das jetzt sein?

Nachbarn! Immer zur Stelle, wenn mal Not am Mann ist. Aber leider auch dann, wenn man sie gerade so gar nicht gebrauchen kann. Wer kennt das nicht? Ich erzähl dir jetzt mal eine Geschichte, die mich fast dazu gebracht hätte, umzuziehen.

Seit geraumer Zeit Single wollte ich meinem einsamen Sexleben ein bisschen frischen Wind einhauchen. Mit hochgeschlagenem Kragen und einer großen Sonnenbrille bewaffnet, habe ich den angesagtesten Erotik-Shop in unserer City aufgesucht. Alles ging glatt und ich wurde auch fündig. In Vorfreude auf einen entspannten Männerabend verließ ich unbeschwert und nichts Böses ahnend wieder den Laden.

Nur bedauerlicherweise hatte ich in meiner Euphorie nicht an meine Sonnenbrille gedacht. Und es kam, wie es kommen musste. Ich prallte mit meiner Nachbarin, nennen wir sie Frau Kling, zusammen. Ihr überraschter Blick wanderte umgehend zur roten Leuchtreklame über mir, dann skeptisch wieder zurück und abschließend zu meiner prall gefüllten Tragetasche.

Nein, sie fragte nichts, aber ihr kennt den Drang, sich selbst erklären zu wollen? Ja, so ging es mir in diesem Moment. Aber mehr als ein

Gestammel, von wegen, falscher Laden und Eingang verwechselt, bekam ich nicht zustande. Mein hochroter Kopf verriet mich ohnehin.

Im Nachhinein betrachtet eigentlich albern, aber als ich dieser Situation ins Auge blicken musste, hätte ich sehr gerne eine Schaufel zur Hand gehabt, um mir schnellstmöglich ein Loch zu buddeln, in dem ich hätte verschwinden können.

Allerdings frage ich mich aktuell immer noch: „Was hat sie eigentlich da gemacht?“

Ein schmuddeliges Image – auch in aufgeklärten Zeiten

Warum ist das eigentlich so? Sex ist doch das natürlichste der Welt und dennoch haftet dem Geschäft mit der Lust immer noch etwas Verruchtes an.

Auch in unseren modernen Zeiten ist die Sexualität in vielen Gesellschaften ein Tabuthema und gehört in die eigenen vier Wände. Wer ein geordnetes Familienleben hat, braucht auf derlei Angebote nicht zurückzugreifen. Mangelnde Aufklärung über die Branche, gesellschaftliche Normen und unsere Konditionierung von Kindheit an führen dazu, dass wir uns schuldig fühlen, wenn es um die Lust an der Lust geht.

LIFEHACK

Lügen, die dir keine abnimmt

Jeder weiß, was du in einem Erotik-Shop gekauft hast, und will es eigentlich auch gar nicht detailliert wissen. Aber wie wir nun mal sind: Wir haben den Wunsch, uns zu erklären, auch wenn dies nicht notwendig ist.

Verwirre dein Gegenüber mit abstrusen Erklärungen:

- „Ich war auf der Suche nach einem neuen Duschvorhang, aber die Auswahl ist hier mehr als bescheiden. Alles nur Lack und Leder. Das passt so gar nicht in meine Badeinrichtung."
- „Sie kennen doch meine Tante Magda? Sie hat Geburtstag und steht auf außergewöhnliche Home-Deko. Sie werden es nicht glauben, was es hier für eine Auswahl gibt. Wollen Sie mal schauen?" Dabei fingerst du in der Tüte herum. Du wirst sehen, wie schnell deine Frage verneint wird und dein Gesprächspartner sich ganz zügig verabschiedet.
- „Eigentlich wollte ich in den Buchladen nebenan. Da habe ich wohl den falschen Eingang erwischt. Aber egal. Bettlektüre haben die hier auch."

Der Tag wird kommen, da wir ganz ohne schlechtes Gewissen unserer Lust freien Lauf lassen können. Du wirst sehen!

33

Der Hund kommt aber nicht aufs Sofa – wirklich nicht?

Die komplette Familie hat sich gegen dich verschworen. Seit Wochen liegen sie dir in den Ohren. Eigentlich hattest du das Thema Familienplanung bereits mit dem zweiten Kind abgeschlossen. Und ganze zehn Jahre war Ruhe. Doch wie auf Knopfdruck scheinen sich alle, Frau und Kinder, gegen dich verschworen zu haben.

„Papa, och, bitte!“

„Wir kümmern uns auch um ihn. Versprochen. Er wird dich nicht belästigen! Bitte!“

„Schatz, das wäre doch der ideale Jogging-Partner für dich. Du beklagst dich doch immer, dass keiner mitläuft!“

„Ich denke, er wird mich nicht belästigen!“

„Wird er ja auch nicht. Begleiten ist was anderes als belästigen, stimmts, Mama?“

„Ja, da muss ich deinem Filius recht geben.“

„Habe ich in diesem Hause denn gar nichts mehr zu sagen?“

„Na ja, bei dem Thema bist du eigentlich drei zu eins überstimmt. Aber es wäre schon schön, wenn du Ja sagst.“

„In Dreiherrgottsnamen! Aber es ist euer Hund. Ich möchte damit nichts zu tun haben und er kommt mir auf keinen Fall aufs Sofa!“

Bis zum Einzug des Vierbeiners ist viel zu tun und du hältst dich aus allem raus. Du hast dein Einverständnis gegeben. Das muss reichen.

Und dann kommt der Tag. Er steht das erste Mal in der Tür, schaut dich aus schwarzen Knopfaugen an und wedelt mit dem Schwanz. Okay, du brichst dir schon nichts ab, ihm einmal kurz und unbeholfen über den Kopf zu tätscheln.

Aber es kommt, wie es kommen musste. Dieser kleine Kerl erobert dein Herz im Sturm. Deine Familie wusste es und, komm, gib es zu: Du wusstest es auch.

Doch wie kommst du jetzt raus aus dieser Zwickmühle? Deiner Familie gegenüber musst du das Gesicht wahren. Ist ja ihr Hund! Nicht deiner! Und indes schmilzt dein Herz dahin und du musst zugeben, dass er die beste Entscheidung war, die deine Familie getroffen hat.

LIFEHACK

Argumente, mit denen du deine Meinungsänderung rechtfertigen kannst

- **Sauberkeit:** So sauber war unser Küchenboden schon lange nicht mehr. Der ist ja besser als jeder Nass-Trocken-Sauger. Krümel, Kaffeekleckse und sogar ganze Butterbrote! Kaum auf dem Boden, schon verschwunden.
- **Schlafen:** Seitdem der Hund in der Besucherritze liegt, kann ich endlich wieder durchschlafen. Eine bessere Schallschutzmauer gegen dein Schnarchen, Schatz, gibt es gar nicht.
- **Respekt:** Er ist der Einzige in diesem Haushalt, der mir Respekt entgegenbringt. Wie kann ich jemanden nicht lieben, der mir mit dieser Ehrerbietung gegenübertritt?
- **Ausrede:** Ich hab 'nen Hund, ich hab 'nen Grund! Ich muss nie wieder nach Ausreden suchen, wenn ich wo nicht hin will. Ich sag einfach „der Hund ist krank"! Und keiner kann mir das Gegenteil beweisen. So was muss doch mit einem Aufenthalt auf dem Sofa belohnt werden, oder?

Fadenscheiniger könnten deine Ausreden eigentlich nicht ausfallen und jeder weiß, dass du einfach dein Herz an deinen Seelenhund verloren hast. Aber wenn es dir hilft, dein Gesicht nicht zu verlieren, ist alles erlaubt.

34 Der erste Freund deiner Tochter – Feindbild Nummer 1

„Papa, das ist Kevin-Robin!“

„Kevin-Robin? So, so. Und was machst du so beruflich, Kevin-Robin?“

„Ich bin 16! Ich gehe noch zur Schule!“

„Ach, du kannst also noch keine Familie ernähren?“

„Papa!“

„Wie stellst du dir denn so deine Zukunft vor? Ich meine, du musst ja Pläne haben.“

„Papa!“

„Und, Kevin-Robin, was hast du so für Hobbys?“

„Ich spiele sehr gerne online Playstation.“

„So, so. Du bist also ein Zocker!“

„Papa!“

„Ja? Was denn? Ich muss doch wissen, wer sich hier in unserer Familie breitmachen möchte!“

„Boah, Papa! Du bist so blöd! Komm, Robby, wir gehen auf mein Zimmer!“

„Die Tür bleibt aber auf!“

So oder so ähnlich könnte es ablaufen, wenn er in der Tür steht. Der erste feste Freund deiner kleinen Prinzessin. Der Mann, der eigentlich noch gar kein Mann ist und der ab sofort mehr Platz im Herzen deiner Tochter einnimmt als du.

Ein Konkurrent, den es zu bekämpfen gilt. Kampflos wirst du deine Tochter nicht hergeben. Das ist dir klar. Deine Gefühle fahren Karussell. Eifersucht, Angst und Wehmut. Wehmut, dass die Zeiten nun endgültig vorbei sind, dass du ihr Held warst. Hatte sie nicht immer gesagt: „Papa, wenn ich groß bin, dann heirate ich dich“?

Väter und Töchter – eine ganz besondere Beziehung

Bevor wir uns dem Thema widmen, wie du es schaffen könntest, das Herz deiner Tochter wieder allein in Beschlag zu nehmen, wollen wir gemeinsam das wohlgehütete Geheimnis einer Vater-Tochter-Beziehung lüften.

Während deine Tochter immer die unbestrittene Prinzessin in deinem Leben ist, spielst du in ihrem Leben eine Doppelrolle. Mal bist du der Held in glänzender Rüstung, der sie, wenn sie nachts anruft, vom Arsch der Welt abholt und am nächsten Tag kannst du der Schurke sein, der sie in aller Öffentlichkeit blamiert, weil du sie auf einer Familienfeier auf die Tanzfläche zerrst, obwohl sie keine Ahnung hat, wie ein Walzer getanzt wird. Diese ausgewogene Mischung ist das Salz in eurer Suppe. Ein Leben lang.

Egal wie alt sie ist und dich vielleicht schon auf High Heels um eine Kopflänge überragt, sie wird immer dein und nur ganz allein dein kleines Mädchen bleiben. Sie kann immer und überall alles von dir haben, außer vielleicht dein neues Auto.

LIFEHACK

Vergraultaktiken

Jetzt kommen wir an den Punkt, wie wir dem ungebetenen Gast im Herzen deiner Tochter ein wenig auf den Zahn fühlen und ihn vielleicht dazu bringen können, dass er von allein das Weite sucht.

- **Sei peinlich:** Du kannst dich zum Beispiel bei jedem Zusammentreffen mehr als peinlich verhalten. Zwänge dich in eine Skinny-Jeans, hol deine Lieblingsmusik aus den 70ern und 80ern raus und zeige ihm, wie ihr als Jugendliche abgezappelt habt und kommentiere das Ganze in der aktuellen Jugendsprache. Wahrscheinlich wird er sich fragen, wo er hier hineingeraten ist und schnell Fersengeld geben.
- **Übe für eine Hochzeitsrede:** Beim ersten gemeinsamen Abendessen kannst du den jungen Mann übertrieben enthusiastisch in deiner Familie willkommen heißen. Du freust dich dabei schon auf das bevorstehende Hochzeitsfest, auf Enkelkinder und stellst deine Pläne vor, wie du das Haus umbauen wirst. Die beiden sollen schließlich bei euch wohnen, um euch im Alter versorgen können. Wenn das nicht mal ein bisschen zu viel des Guten für den armen Kerl wird.
- **Pseudo Privatsphäre:** Verkünde freudig, dass du ihnen mehr Privatsphäre gönnst und sie die Zimmertür schließen können, wenn er zu Besuch ist. Schließlich hast du eine Überwachungskamera installiert, für den Fall der Fälle. Das teilst du ihnen natürlich ganz stolz mit.
- **Überreiche ein Familien-Survival-Kit:** Bevor der junge Mann das erste Mal an einer großen Familienzusammenkunft teilnimmt, überreiche ihm ein Survival-Kit mit Ohrenstöpsel, Beruhigungspillen und einer Liste der

Familienangehörigen und ihren Eigenarten. Dabei darfst du sehr gerne übertreiben. Ihm wird der Angstschweiß ausbrechen, wenn er sieht, auf wen er sich eingelassen hat.

- **Vereinbare ein Treffen mit seinen Eltern:** Der Umfang der Mitgift und die vorhandenen Erbkrankheiten müssen schließlich auf höherer Ebene geklärt werden.

Und sollte sich der junge Mann als resistent deinem Affentheater gegenüber zeigen, dann wird er wohl perfekt in deine durchgeknallte Familie passen, oder?

35 Das Schwiegermonster kommt zu Besuch, und zwar für länger

Mal wieder eine Geschichte aus meinem persönlichen Nähkästchen gefällig? Hatten wir das Thema „Schwiegermutter“ eigentlich schon angesprochen?

Meine Schwiegermutter und ich. Eine „Neverending Story“. Eigentlich verstehen wir uns ja ganz gut. Aber nur, wenn wir uns nicht länger als ein paar Stunden gegenseitig ertragen müssen. Für eine gewisse Zeit können wir uns beide immer ganz gut zusammenreißen und in den meisten Fällen bekommen wir einen sonntäglichen Kaffeeklatsch oder auch das familiäre Weihnachtsessen gut über die Bühne.

Die Ankündigung meiner Frau

„Schatz, ich muss mal kurz mit dir reden. Es ist wichtig. Und bitte versprich mir, dich nicht aufzuregen!“

Leichte Unruhe machte sich in mir breit. Denn wenn meine Frau so ankommt, dann ist es wirklich etwas Wichtiges. Es sollte kein Gespräch zwischen Tür und Angel werden. Sie wollte eine richtige Unterhaltung. Die will sie eigentlich nur, wenn etwas Gravierendes passieren soll oder bereits passiert ist. Wie damals, als sie den neuen Wagen geschrottet hatte. Aber das gehört jetzt nicht hierher.

Wir setzten uns also an den Küchentisch. Ich knetete meine Finger und meine Frau zupfte nervös an der Tischdecke. Ich war auf das Schlimmste gefasst. Und was soll ich sagen? Es kam das Schlimmste. Jedenfalls für mich.

„Schatz, meine Mutter kommt zu uns!"

„Für immer?", wenn, dann wollte ich es sofort wissen.

„Nein, nur für ein paar Wochen. Ihr geht es gerade nicht so gut. Wir sollten uns um sie kümmern."

„Wochen? Du meinst doch sicher Tage, oder? Bitte sage mir, dass ich mich verhört habe!"

„Nein, du hast schon richtig gehört. Wir dachten so an zwei bis drei Wochen."

„Wir? Du hast das also schon mit deiner Mutter fix gemacht? Ohne mich vorher zu fragen? Kann ich noch ein Veto einlegen?"

„Nein, Schatz, kannst du nicht. Sie kommt schon morgen."

Bingo! Mein Leben war vorbei. Zumindest für die nächsten zwei bis drei Wochen. Meine Gedanken überschlugen sich. Wo finde ich die Kontaktadresse der Fremdenlegion? Oder doch lieber schnell ein Verbrechen begehen und sich wegsperren lassen? Alles ist besser als eine halbe Ewigkeit mit dem Schwiegermonster auf engstem Raum.

Langsam gewann ich meine Fassung wieder und merkte, dass es in mir zu brodeln begann.

„Maus, dir ist schon klar, dass du damit unsere Ehe auf eine harte Probe stellst, ja?"

„Wird schon nicht so schlimm werden."

„Nicht schlimm? Wenn das hier nicht in einem Familiendrama endet oder gar in einem Massaker, dann weiß ich auch nicht. Du hättest das im Vorfeld mit mir besprechen müssen und mich nicht vor vollendete Tatsachen stellen! Ich mache mir schon mal das Bett im Arbeitszimmer fertig!"

Ein Wort ergab das andere und die Diskussion entwickelte eine nicht geahnte und schon gar nicht gewollte Eigendynamik. Noch bevor der Stein des Anstoßes überhaupt aufgetaucht ist, war hier schon die Kacke am Dampfen.

LIFEHACK

Mit ein wenig Humor hätte es vermieden werden können

Ja, nachher ist man immer schlauer. Hätte ich damals mal ein bisschen tiefer in meiner Reserve-Galgenhumor-Kiste gekramt.

So, Sinn der ganzen Geschichte: Mach es besser! Nutze deinen dafür vorgesehenen Humor, den deine Frau so an dir schätzt:

- Hui, das wird eine aufregende Zeit. Wo ist meine Überlebensausrüstung eigentlich hingekommen?
- Du weißt, ich bin eher so der Sprinter für einen Nachmittag. Für einen wochenlangen Marathon bin ich eigentlich nicht geeignet. Aber mit genug Snacks, Bier und dem Netflix-Abo werde ich das schon schaffen.
- Ach, dann hast du ja gar keine Zeit zum Kochen. 3 Wochen Pizzaservice. Wir wollten ohnehin die Karte mal rauf und runter bestellen. Mutter, ich danke dir!
- Dann fahre ich morgen noch mal schnell los, Nervennahrung und Beruhigungsschnäpschen besorgen. Das werden wir alle sicher brauchen.
- Nur für den Fall, dass es brenzlig wird: Hättest du was dagegen, wenn ich mich dann bei Tante Magda einquartiere? Die hatte die Tage schon gefragt, wann ich mal wieder komme.

Egal für welche Reaktion du dich entscheidest, nimm es mit Humor. Deine Frau tut es nicht, um dich zu quälen. Jedenfalls nicht absichtlich.

36

Der Flirt-Korb – komm, es gibt Schlimmeres

Wie steht es eigentlich um deine Flirt-Quote? Bist du eher so ein „Hans Dampf in allen Gassen“, immer mit einem flotten Spruch auf den Lippen und der damit auch meistens Erfolg hat? Oder bist du eher der Typ, der tun und machen kann, was er möchte und sich einen Korb nach dem anderen einfängt?

Wenn du eher zur zweiten Gattung gehörst, dann sei versichert, da geht es dir nicht anders als meinem Kumpel Daniel. Und das, obwohl Daniel eigentlich kein Quasimodo ist. Groß, sportlich und auch recht ansehnlich, wenn ich das als Mann mal so sagen darf.

Ich weiß nicht, ob es genetische Veranlagung ist, ein für Frauen unerträgliches Aftershave oder einfach nur seine Anmachsprüche, die ihm immer wieder einen Strich durch die Rechnung machen. Ich kann es dir nicht sagen. Und mit den gesammelten Körben der letzten Jahre könnte er einen Onlineshop eröffnen und sich nach einem Jahr locker aufs Altenteil zurückziehen.

Wenn du jetzt aber denkst, dass Daniel zu einem Trauerkloß mutiert und den Kopf in den Sand steckt: Weit gefehlt! Ganz nach dem Motto: Irgendwann kommt schon die Richtige, bleibt er weiterhin sehr aktiv an der Flirt-Front.

Der Korb und seine Gründe

Einen Korb zu bekommen, gehört nicht unbedingt zu den angenehmsten Dingen, die wir uns vorstellen können. Aber schauen wir mal gemeinsam, woran es liegen könnte, von der Frau der Begierde abgelehnt zu werden.

- **Mangelnde Anziehungskraft:** Die Chemie muss auf beiden Seiten stimmen und das kann man nun mal nicht erzwingen.
- **Schlechtes Timing:** Vielleicht ist die Traumfrau aktuell nicht an einer Beziehung interessiert, weil sie ihre Karriere vorantreiben möchte oder gerade eine böse Trennung hinter sich hat. Hier können viele Faktoren eine Rolle spielen, die nichts mit dir persönlich zu tun haben müssen.
- **Signale missinterpretiert:** Sie findet dich nett, ohne Zweifel, mehr aber auch nicht. Wir Männer neigen leider schon mal zu Fehlinterpretationen, was das weibliche Verhalten angeht. Für sie ist es eine freundschaftliche Geste oder eine zufällige Berührung ohne Hintergedanken, die du vielleicht als Anmache interpretierst.

Wie du siehst, muss es also nicht zwingend nur an dir liegen.

NO

LIFEHACK

Sprüche, mit denen sich unser Daniel immer wieder selbst aufbaut

- Dann rufe ich nachher eben beim Pizza-Service an. Die haben noch nie Nein gesagt, wenn ich was wollte. Auch wenn es nur extra Käse war.
- Hach, schon wieder eine Dame getroffen, die mit meinem Charisma einfach überfordert war. Mein Charme kann einen aber auch überfordern.
- Ich bin offiziell im Dating-Game und bekomme sicher auch bald meine erste Teilnahme-Urkunde.
- Dirk Nowitzki muss echt aufpassen. Ich bin ihm mit meinen Körben dicht auf den Fersen.
- Für jeden Topf gibt es einen Deckel? Na, dann bin ich wohl der Wok im Geschirrschrank.

Und wenn du jetzt auch nicht so der Casanova bist, mach es wie Daniel. Nimm es mit Humor, verbuche es unter „interessante Begegnung“ und lass dich nicht entmutigen. Wie sagt Tante Magda immer: Andere Mütter haben auch hübsche Töchter.

37

Dein erstes Mal im Starbucks – Begegnung der dritten Art?

Du musst mal zum Starbucks, haben sie mir gesagt. Da bekommst du den besten Kaffee, haben sie gesagt. Dass ich vor der Bestellung aber ein Studium abgeschlossen haben muss, das haben sie mir nicht gesagt.

Freunde des heißen, starken Filterkaffees, wart ihr mal in einem dieser Starbucks? Ich habe es gewagt. Als nicht mehr ganz so hipper und trendiger Typ wollte ich mir in meiner Mittagspause mal einen schönen Kaffee gönnen. Mal was anderes als die Plörre im Büro.

Es entwickelte sich folgender Dialog mit der netten Barista:

„Hallo, herzlich willkommen, was kann ich für Sie tun?"

„Ich hätte gerne einen Kaffee zum Mitnehmen."

„Was darf ich Ihnen anbieten? Wir hätten Caffè Misto, Flat White, Caffè Latte. Oder hätten Sie lieber einen Americano, Caffè Mocha …"

„Nein, nein, nur einen einfachen Kaffee, bitte."

„Einen Filterkaffee?"

„Ja, genau. Nur einen Filterkaffee, bitte."

„Tall, Grande oder Venti?"

„Wie bitte? Ich verstehe nicht ganz."

„Welche Größe soll Ihr Filterkaffee haben?“

„Ja, normal halt.“

„Also Tall?“

„Wenn Sie das sagen.“

„Milch und Zucker dazu? Wir hätten laktosefreie Milch, Hafermilch, Mandelmilch, fettreduzierte Kuhmilch …“

„Nein, nein. Schwarz, bitte. Ohne Zucker!“

„Sehr gerne, der Herr. Kommt sofort! Darf ich noch kurz nach Ihrem Namen fragen?“

„Ähm, warum?“

„Dann kann ich den auf den Becher schreiben. Das machen wir hier so!“

So, und jetzt seid ihr dran! Mal davon abgesehen, dass dieser Bestellvorgang mir fast meine halbe Mittagspause geraubt hatte, wusste ich absolut nicht, was geschossen wurde. Ich wollte doch nur einen Kaffee!

Die gute alte Kaffeehaus-Kultur

Waren das noch Zeiten, als du dich gemütlich in ein ganz normales Café setzen konntest, um gemütlich eine Kaffeepause einzulegen. Die einzige Entscheidung, die du hier treffen musstest, war Tasse oder Kännchen. Und wenn du auf der Terrasse gesessen hast, wurde dir sogar das abgenommen. Denn: „Draußen nur Kännchen“.

Kaffee aus einer richtigen Tasse, mit Untertasse und Löffel. Herrlich! Ich habe nichts gegen Fortschritt, aber manchmal fehlen sie mir schon sehr, die guten alten Zeiten.

LIFEHACK

Tipps für eine perfekte Erstbestellung

Und damit du deine erste Bestellung ohne Gestammel und Fragezeichen im Gesicht meistern kannst, kommen hier ein paar lieb gemeinte Tipps:

- Mit der Aussage „einen Kaffee, bitte“ kommst du nicht weit.
- Informiere dich im Vorfeld, welche Kaffeeoptionen zur Verfügung stehen und lerne auswendig, welche Kaffeespezialität sich hinter der jeweiligen kryptischen Bezeichnung verbirgt.
- Streiche „Tasse oder Kännchen“ aus deinem Wortschatz und ersetze diese durch Tall, Grande und Venti.
- Gehe in Begleitung von jemandem, der Stammkunde ist und lass ihn für dich bestellen.
- In der netten italienischen Eisdiele in deinem Viertel wird dir noch normaler Kaffee serviert. In Tassen. Bei Tante Magda übrigens auch!
- Eines hat sich mir allerdings bis jetzt noch nicht erschlossen: Ist „draußen nur Kännchen“ jetzt Grande oder Venti?

38 Ein Wochenendtrip mit den Jungs – Männer wollen auch mal unter sich sein

„Schatz, weißt du, was noch besser ist als ein Bier mit den Jungs?“

„Keine Ahnung, sag es mir. Ein ganzer Kasten?“

Humor hat sie ja, deine Frau, und sie scheint auch gerade ganz gut drauf zu sein. Gelegenheit, mit dem Plan um die Ecke zu kommen.

„Ja, klar, das ist schon mal besser als nur ein Bier. Aber was hältst du davon, wenn ich dir ein männerfreies Wochenende anbiete?“

„Du schenkst mir einen Wellnesstrip? Dieses Wochenende? Das ist ja so lieb von dir! Und du kümmerst dich dann hier um alles, ja? Denk daran, der Hund muss regelmäßig raus und nach den Blumen musst du auch schauen und, ganz wichtig, Samstag wird geleert, du musst dann die Tonne …“

Oh, das driftet gerade in die falsche Richtung. Zeit, die Kurve zu kriegen.

„Du, das war jetzt nicht so ganz, was ich dir sagen wollte. Aber das ist eine schöne Idee fürs nächste Wochenende vielleicht. Ich wollte dir eigentlich sagen, dass ich mit den Jungs am Wochenende zum Zelten fahre.“

So, nun ist es raus und du schaust in zwei hochgezogene Augenbrauen.

„Ja, komm! Das haben wir schon Ewigkeiten nicht mehr gemacht. Die Jungs, ein paar Bier, Lagerfeuer-Romantik …"

„Ach, mit den Jungs kannst du romantisch sein?"

„Och, Schatz, nu übertreib mal nicht so maßlos!"

Sie grinst dich an. „Nein, schon gut. Fahrt ihr ruhig! So haben wir beide ein schönes Wochenende. Du hast die Jungs und ich mal meine Ruhe! Soll ich einen Kartoffelsalat machen?"

Das sind Momente, in denen du weißt, warum sie deine Frau ist. Doch was, wenn es nicht so geschmeidig laufen sollte? Könnte ja passieren, nicht?

LIFEHACK

Gründe, warum du und die Jungs Zeit beim Zelten verbringen wollt

- **Auf der Suche nach dem Tier in dir:** „War ich nicht immer dein wilder Tiger? Und der Tiger muss auch mal raus in die Wildnis. Du möchtest doch nicht, dass meine Instinkte verkümmern, oder? Am Sonntagabend werde ich dich von dieser Win-win-Situation für uns beide überzeugen können."
- **Einer muss doch auf die Jungs aufpassen:** „Du kennst doch die Pappenheimer! Die sind wie 'ne Jugendgruppe auf Klassenfahrt und schlagen gerne über die Stränge. Ihre Mädels haben mich gebeten, ein Auge auf sie zu haben. Wenn ich dadurch ihre Ehre und Ehe retten kann, sage ich doch nicht Nein."
- **Rücksichtnahme:** „Schau, wir leeren ein Fässchen Bier oder zwei, pupsen und rülpsen und machen Sachen, die Männer eben so machen. Und das alles, ohne euch Frauen damit in Verlegenheit zu bringen. Du sagst doch immer, ich soll mehr Rücksicht auf dich nehmen! Somit brauchst du dich nicht fremdzuschämen! Ist doch toll, oder?"

So oder so ähnlich könnte es klappen, ihr Okay für den Trip zu bekommen. Ansonsten lass deiner Phantasie weiteren, freien Lauf! Dir fällt sicher noch mehr ein.

39 Zeit, die Ringe zu tauschen – was, jetzt schon?

Das Beste habe ich mir bis zum Schluss aufgespart. Bist du eigentlich verheiratet oder konntest du es bis jetzt erfolgreich verhindern, die Steuerklasse ändern zu müssen? Ich frage aus reinem Interesse, denn bei mir war das ein Akt sondergleichen, den Tag X immer weiter hinauszuschieben.

Mir war schon klar, dass ich mit meiner Frau, also auch als ich sie noch nicht so nannte, einen „Sechser im Lotto“ gewonnen hatte. Und nachdem sie manche Eskapaden lächelnd ertragen oder lautstark kommentiert hatte, war mir klar, das ist sogar der „Sechser mit Superzahl“.

Aber dennoch konnte ich mich lange nicht überwinden, den letzten Schritt zu gehen. Warum sind wir so? Eigentlich wissen wir, dass sie die Richtige ist, und dennoch haben wir keinen Arsch in der Hose, Nägel mit Köpfen zu machen.

Geht doch alles auch ohne Vertrag und Unterschrift

Gerade wir Männer scheuen uns oft davor, unsere Komfortzone zu verlassen. Beweisen wir nicht täglich unsere Liebe damit, dass wir noch da sind, jeden Tag brav nach Hause kommen und nicht schon das Weite gesucht haben? Man(n) kann ja nie wissen, was sich in der Beziehung ändert, wenn man erst einmal seine Unterschrift unter die Heiratsurkunde gesetzt hat. Bleiben wir doch lieber auf der sicheren Seite.

Man lebt als Paar zusammen und hat gegenseitige Verantwortung übernommen. Mehr braucht es doch eigentlich nicht, oder? Versteh einer die Frauen! So unsere männlichen Gedankengänge.

LIFEHACK

Charmante Versuche, mehr Zeit zu gewinnen

Je mehr Zeit ins Land geht und je öfter die Anfragen von der Zukünftigen kommen, desto kreativer musst du werden. Greifen wir mal ganz tief in die Kiste mit den Ausreden:

- **Die Mutter:** „Schatz, du kennst doch meine Mutter. Sie ist noch nicht bereit, mich ganz loszulassen. Und bevor ihr beide euch komplett um meine Versorgung streitet, geben wir ihr noch ein bisschen Zeit, ja?"
- **Die Sterne:** „Ich möchte, dass unsere Hochzeit etwas ganz Besonderes wird und unter einem guten Stern steht. Lass uns die perfekte Konstellation von Sonne, Mond und Sternen abwarten."
- **Die Netflix-Serie:** „Ja, ich habe über das Thema auch schon nachgedacht und bin zu dem Schluss gekommen, dass ich allerdings erst die finale Staffel meiner Lieblingsserie abwarten möchte. Ich möchte mich vor dem Altar doch voll und ganz auf dich konzentrieren und nicht ständig den Cliffhanger vom aktuellen Stand der Serie im Kopf haben."
- **Der Pokerabend:** „Letztens hat Kalle doch tatsächlich die Kochkünste seiner Frau als Einsatz gebracht. Bitte bring mich nicht in Verlegenheit, das auch in absehbarer Zeit machen zu müssen, weil ich mich verzockt habe!"

Sie wird wissen, dass du einfach nur Schiss hast. Und deshalb wird sie lächeln und nicht gleich mit den Türen knallen.

40 Schlusswort

Du bist nun auf den Pfaden dieses ultimativen Männer-Ratgebers gewandelt. Zeit, Resümee zu ziehen. Was hat es dir gebracht?

Auch wenn wir unsere männliche Existenz nie ganz durchleuchten können, so hoffe ich doch, dass du so manche Erkenntnis erlangen konntest, Inspirationen mitnimmst und dich vielleicht in der einen oder anderen kleinen Geschichte wiedergefunden hast. Das Wichtigste ist jedoch, wenn ich dir ein kleines Lächeln entlocken konnte und dass du sagst, diese Zeit des Studiums war nicht ganz verschwendet.

Sei weiterhin bereit, dich auf das Abenteuer unseres Lebens einzulassen. Mit all seinen Höhen, Tiefen, Erfolgen, Niederlagen und der Einsicht, dass wir nicht perfekt sind.

Bewahre deinen Humor und deine Selbstironie und gib nie auf, dich weiterzuentwickeln. Wir sind Männer! Lass uns weiterhin gemeinsam dem Sturm des Alltags trotzen. Denn am Ende des Tages ist es das Lachen über unsere eigenen Fehler, das uns wahre Stärke verleiht, uns auszeichnet, liebenswert und unentbehrlich macht.

Also erhebe dein Glas, stoße mit mir an auf das Abenteuer des Lebens und darauf, dass wir stets mit einem Augenzwinkern und einer guten Portion Humor durch unsere männliche Existenz navigieren. Auf uns, auf das Leben, auf das Mann sein und, nicht zu vergessen, auf Tante Magda!

Impressum

Deutschsprachige Erstausgabe April 2024

Niklas Henning wird vertreten durch:
Avan Haydo
Marienhöhe 2
51465 Bergisch Gladbach
Present_Book@web.de

ISBN: 9798323477371

Printed in Poland
by Amazon Fulfillment
Poland Sp. z o.o., Wrocław

39939444R00090